Karl Berthold Hofmann

Zur Geschichte des Zinkes bei den Alten

Karl Berthold Hofmann

Zur Geschichte des Zinkes bei den Alten

ISBN/EAN: 9783743488496

Hergestellt in Europa, USA, Kanada, Australien, Japan

Cover: Foto ©ninafisch / pixelio.de

Manufactured and distributed by brebook publishing software
(www.brebook.com)

Karl Berthold Hofmann

Zur Geschichte des Zinkes bei den Alten

Zur

Geschichte des Zinkes

bei den Alten.

Von

Prof. K. B. Hofmann

in Graz.

Separat-Abdruck a. d. Berg- und Hüttenmännischen Zeitung, XLI. Jahrgang, Nr. 46—51.

Leipzig.

Druck von A. Th. Engelhardt.

Im Jahre 1881 brachte diese Zeitschrift[1]) einen Aufsatz von Dr. Ad. Frantz aus Halberstadt, in welchem die wichtigsten Stellen, die sich in den Schriften der beiden klassischen Völker über Zink und Messing finden, ausgeführt und erläutert sind. Da ich bei meinem Studium über die Kenntnisse, welche die Alten von diesem Metalle haben mochten, zu theilweise anderen Resultaten gelangt bin, so möchte ich diese den Fachgenossen vorlegen.

I. Was verstanden die Alten unter Kadmia?

Ich glaube nicht zu irren, dass der Name Kadmia nicht früher, als bei den Schriftstellern des 1. Jahrhunderts unserer Zeitrechnung zu finden ist, obwohl die Kenntniss der Sache viel weiter — um mindestens ein halbes Jahrtausend — zurückreicht.

In Theophrast's Buche von den Steinen wird der Kadmia nicht erwähnt, obgleich er die Darstellung des Bleiweisses und des Grünspans[2]) anführt und auch verschiedene Erze aufzählt. Doch dürfte aus diesem Schweigen nicht zu viel gefolgert werden können. Jene Körper werden wohl nur darum besprochen, weil sie als Farben dienten, welche von Theophrast als Erden ($\gamma\tilde{\eta}$) den Steinen ($\lambda i \vartheta o \iota$) entgegengestellt[3]) den zweiten Theil seiner Abhandlung bilden. Man darf immerhin vermuthen, dass die Kadmia in der verlorenen Schrift über die Metalle abgehandelt war.

---

1) Nr. 25, 27, 36, 40 und 41.
2) De Lapid. VIII (56) und (57).
3) VIII (48) und (50).

Uebrigens wird auch in den pseudo-aristotelischen „Mirabiles auscultationes" — die zum Theil von Einigen für Bruchstücke des verlorenen Werkes gehalten werden — der Name nicht gebraucht, sondern nur ganz unbestimmt von einer „gewissen Erde" (γῆ τὶς) gesprochen. Es heisst nämlich: „Man sagt, dass das Mossynoekische Erz am glänzendsten und weissesten sei, nicht weil ihm Zinn beigemischt ist, sondern weil eine gewisse Erde, die ebendort entsteht, mit ihm zusammengeschmolzen wird" (φασὶ τὸν Μοσσύνοικον χαλκὸν λαμπρότατον καὶ λευκότατον εἶναι, οὐ παραμιγνυμένου αὐτῷ κασσιτέρου, ἀλλὰ γῆς τινος αὐτοῦ γινομένης καὶ συνεψομένης αὐτῷ). „Man sagt, derjenige, welcher die Legirung gefunden, habe sie Niemand gelehrt. Darum waren die früher gemachten Bronzegegenstände vorzüglich gewesen, die späteren nicht mehr." (λέγουσι δὲ τὸν εὑρόντα τὴν κρᾶσιν μηδένα διδάξαι· διὸ τὰ προγεγονότα ἐν τοῖς τόποις χαλκώματα διάφορα, τὰ δ' ἐπιγιγνόμενα οὐκέτι.)[1]) Dass diese Krâsis Messing, und jene „gewisse Erde" Galmei[2]) war, kann keinem Zweifel unterliegen.

Das Wort mag bei den Erzgiessern schon lange im Gebrauche gewesen sein, wenn es uns auch in den gleichzeitigen Schriften nicht begegnet, da durch Ungunst des Geschickes uns gerade über Metallurgie keine Fachschriften erhalten geblieben sind.

Besässen wir selbst nur die Schriften eines Nymphodorus, der nach der Angabe Einiger unter Ptolemaeus Philadelphus geschrieben hat, oder des bithynischen Arztes Jolas, welche nur beiläufig (bei Besprechung von Arzneien) von den Metallen handelten, so dürften wir in ihnen die technische Bezeichnung (καδμία) finden, da Plinius eingestandener Maassen (XXXIV, 22) ihre Schriften bei der Abhand-

---

1) A. Westermann: Scriptores rerum mirabilium graeci. 1839. p. 18 (Nr. LXII).

2) Selbst Strabo noch, der den Ausdruck λίθος καδμία gebraucht, sagt an einer noch näher zu erörternden Stelle nur: eine „gewisse Erde" gebe mit Kupfererz κρᾶμα. — Unter Messing soll im vorliegenden Aufsatze stricte nur die Legirung von Kupfer und Zink (zum Unterschiede von Bronze) verstanden werden.

lung über Kadmia benützt hat. Aus dieser Stelle ist
der Schluss gerechtfertigt, dass die Kadmia wenigstens
300 Jahre v. Chr. so genannt ward und als Heilmittel
in Anwendung stand.[1])
Beckmann (Beyträge z. Gesch. der Erfindungen
III. 381) behauptet, unter Kadmia habe man jedes
zinkbaltige Erz zu verstehen; wer darunter nur Galmei
verstehen wollte, der würde die meisten Nachrichten
der Alten nicht erklären können. Welche Stellen er
dabei im Sinne hatte, giebt er nicht an.
Gehen wir die uns erhaltenen Nachrichten durch!
Dioskorides widmet der Besprechung der Kadmia das 84. Capitel des V. Buches seines bekannten
Werkes über Materia medica. Was versteht nun er
darunter? — Dr. Frantz, eine Stelle, auf welche
schon Beckmann (l. c. III. 385) als eine eingeschobene
aufmerksam macht, für echt haltend, gelangt zu dem
Schlusse, Dioskorides hätte fossilen (natürlichen)
Galmei gekannt. Beckmann wies darauf hin, dass
βοτρυῖτις, πλακώδης und ὀστρακῖτις[2]) nach Galen und

_____

1) Dieser in späterer Zeit so häufig, besonders gegen Augen-
leiden verwendete Körper wird in den Hippokratischen Schriften
— so viel mir bekannt — nicht erwähnt. Die Einführung des
Mittels in die Medicin dürfte also ins 4. Jahrhundert v. Chr. zu
setzen sein.

2) Frantz folgt offenbar den gewöhnlichen Lexicis, wenn
er sagt (S. 232, 2. Spalte, Anm. 1): ὀστρακῖτις heisse auch
Meerschaum. Dioskorides' λίθος ὀστρακίτης, der von den
Lexicographen mit Meerschaum übersetzt wird, ist jedenfalls
keiner; denn Meerschaum ist nicht geschichtet (πλακώδης) und
nicht „wohlspaltbar" (εὔσχιστος), er ist nicht scharf, wie Bimsstein; von Meerschaum könnte daher Dioskorides nicht sagen,
„die Frauen bedienen sich seiner statt des Bimssteines zum Ent-
fernen der Härchen" (ᾧ χρῶνται ἀντὶ κισσήρεως πρὸς τριχῶν
ἄρσιν αἱ γυναῖκες). Dieser vermeintliche Meerschaum dürfte
„Ossa sepiae" sein. Dafür spricht, wie mir scheint, auch die Pa-
rallelstelle bei Plin. XXXVI, 31: „Ostracitae similitudinem testae
habent (die Ostraciten haben Aehnlichkeit mit Muschelschalen).
Usus eorum pro pumice ad laevigandam cutem (man gebraucht
sie statt Bimsstein zum Glätten der Haut)." Des Plinius „Ostracitis" (XXXVII, 65) kann vollends kein Meerschaum sein, denn
sie vermag Edelsteine zu ritzen. Die von Dr. Frantz gemachte
Folgerung, die καδμία ὀστρακῖτις sei meerschaumartiger Galmei,

Plinius unzweifelbaft Arten von „Ofenbruch" seien,
und ein so genauer und sorgfältiger Beobachter wie
Dioskorides sie nicht wird für natürliche zinkhaltige
Minerale gehalten haben. Die Stelle: τοιαῦτα γάρ ἐστιν
αἱ ἐκ τῶν παλαιῶν μετάλλων ὀρυσσόμεναι wäre eine Rand-
glosse, die Jemand missverständlich in sein Exemplar
sich eingetragen hat, welche dann ein späterer sorg-
loser Abschreiber in den Text eingerückt hätte. —
Die Stelle γεννᾶται δὲ ἡ καδμία ἐκ τοῦ χαλκοῦ καμινευ-
ομένου ist dann nicht, wie dies von Frantz geschieht,
zu übersetzen: „Die Kadmia wird auch erhalten etc.",
sondern bedeutet vielmehr: „Die Kadmia wird aber
erhalten etc." Diese Auffassung theilte auch Sprengel,
und hat in seiner Ausgabe des Dioskorides die
ganze eingeschobene Stelle in Klammern gesetzt. Für
die Richtigkeit dieser Emendation würde ich noch
Folgendes anführen: Indem Dioskorides die Ent-
stehung der Kadmia in Messingöfen beschreibt, bemerkt er, es hänge von der Art, wie sich die fort-
gerissenen Theilchen des Körpers beim Sublimiren
ansetzen, ab, ob eine Sorte (ἓν εἶδος αὐτῆς) der Kadmia oder zwei oder „allesammt erzielt werden" (ἅπαντα
ἀποτελεῖται). — Welche Sorten? — doch offenbar die,
von welchen er 10 Zeilen vorher gesprochen hat: die
Botryïtis, die Onychitis, die Ostrakitis und Zonitis.
Damit scheint mir aber auch implicite gesagt, dass alle
diese Arten Fabrikate sind; und die eben angeführte
Stelle ist nur die Erklärung, dass es nicht vom Arbeiter abhängt, welche der genannten Arten entsteht,
sondern von den Umständen der Sublimation. — Dioskorides fährt fort, indem er das Material für die
Gewinnung der Kadmia angiebt, sie werde unter an-
derm aus dem bei Soli gegrabenen Pyrites dargestellt,
und schliesst: „Einige behaupten, die Kadmia werde
in Bergwerken gefunden, indem sie durch Gestein,
das viele Aehnlichkeit mit ihr hat, getäuscht werden

---

fällt damit als grundlos zusammen. Der in derselben Spalte
zweimal gebrauchte Ausdruck Ponitis ist wohl nur ein Druckfehler für „Zonitis".

u. s. w." — Diese Stelle beweist nun doch vollends,
dass nach Dioskorides' Meinung die Annahme einer
natürlich vorkommenden (gegrabenen) Kadmia ein Irr-
thum sei. Wie hätte er aber dann wenige Zeilen
vorher angeben können, die Botryitis und Onychitis
seien natürliche, in alten Bergwerken gegrabene Arten?;
Dem für natürliche Kadmia gehaltenen Minerale spricht
er jede therapeutische Wirksamkeit ab, die von ihm ·
angeblich für gegrabene Sorten erklärten Botryitis und
Onychitis rühmt er als Augenmittel.

Dies scheinen mir hinreichend gewichtige Gründe,
die (auch ohne Vergleichung mit Plinius und Galen)
an sich für die Textverbesserung des Beckmann und
Sprengel sprechen. Ich glaube darum, im Gegensatze zu Frantz, Dioskorides habe nur künstliche
Producte — unseren zinkischen Ofenbruch — mit dem
Namen Kadmia belegt, und diese ist sohin nur Zinkoxyd, das durch mitgerissene Kupfertheilchen u. s. w.
verunreinigt ist.

Von Kadmia nimmt nun Dioskorides theils
nach der traubenartigen Oberfläche, theils nach der
Schichtung und dem erdigen Ansehen eine Botryitis,
Onychitis (mit der Unterart Zonitis) und Ostrakitis an.
Ferner unterscheidet er *a*) eine Kadmia, welche sich
beim Verarbeiten von Kupfererzen, die mit Galmei
vermengt sind, neben Messing bildet (καδμεία ἐκ τοῦ
χαλκοῦ καιομένου) [1], *b*) eine Kadmia, die man direct
aus Pyrites herstellte und *c*) eine, die in Silberöfen
entsteht (ἐκ τῶν ἀργυρίων) und die weisser, leichter, aber
nach seiner Annahme unwirksamer sei. — Aus der
Kadmia entsteht endlich Pompholyx, theils als Nebenproduct, wenn die Metallarbeiter dem Kupfer mehr
zerriebene Kadmia zusetzten, um ein schöneres Messing

---

1) Diese Art erwähnt auch Galen, De simpl. med. VII,
cap. III, 11 (Ed. Bas. II, 125. — Ed. Chart. XIII, 263): καδμεία
γίνεται μὲν καὶ κατὰ τὴν ἐν ταῖς καμίνοις γένεσιν τοῦ χαλκοῦ.
Er bemerkt, es sei einerlei, ob man das Material, aus dem sich
im Schmelzofen das Messing, die Kadmia und die Diphryges von
einander scheiden, eine γῆ oder einen λίϑος nennt.

zu erhalten [1]); theils indem man Kadmia in eigenen Oefen und Kammern verarbeitete (Cap. 85). Dass Pompholyx nicht wesentlich von der künstlichen Kadmia verschieden sei, musste ihm, bei der mangelnden Kenntniss vom Wesen der Metalle und ihrer Verbindungen, natürlich entgehen.

Auch Plinius, ein (wahrscheinlich jüngerer) Zeitgenosse des Dioskorides, hat in seiner Historia naturalis die Kadmia besprochen. Er unterscheidet aber zwei Arten derselben:

1) Das Erz (lapis), das zur Herstellung von Messing (aes) verwendet wird, wohl unserem Galmei im

---

1) Diesen Sinn hat meines Erachtens die folgende Stelle bei Dioskorides: γίγνεται δὲ ἡ λευκὴ πομφόλυξ, ὅταν ἐν τῇ κατεργασίᾳ καὶ τελειώσει τοῦ χαλκοῦ πυκνότερον οἱ ἐκ τῶν χαλκουργείων συνεμπάσσωσι λελεασμένην καδμείαν, βελτιοῦν αὐτὴν βουλόμενοι. — Χαλκός ist hier nicht, wie Frantz (S. 252, Anm. 2) meint, Zinkerz oder gar „Zinkmetall", sondern Erz im Sinne von Bronze.

Die Stelle ist allerdings dunkel. Es handelt sich da um Zinkblumen als zufälliges Nebenproduct (ἐκ τῆς τοῦ χαλκοῦ κατεργασίας τε καὶ ὕλης γίνεται πομφόλυξ) im Gegensatze zu der darauf folgenden Schilderung einer planmässigen Darstellung der Pompholyx aus Kadmia (ἀλλὰ καὶ ἐκ καδμείας προηγουμένως ἐκφυσωμένης εἰς γένεσιν αὐτῆς). Das βελτιοῦν αὐτὴν muss, wie mir scheint, auf die κατεργασία (Zubereitung) der Bronze bezogen werden, da man zu Dioskorides' Zeiten, wie wir aus Plinius wissen, die goldgelbe Bronze höher schätzte. Man gab mit vollem Bewusstsein und Absicht Kadmia zu. Wenn nun die Hüttenarbeiter, um recht schöne Bronze zu gewinnen, tüchtig (πυκνότερον) Kadmia zusetzten, dann verflog ein Theil als Pompholyx. Das Wort αὐτήν auf Kadmia zu beziehen, ist nicht zulässig. Die Hauptsache, um die es sich hier handelt, ist offenbar die Herstellung der Bronze; auf diese haben die Hüttenarbeiter ihr Augenmerk, nicht auf „Verbesserung der Kadmia", was überhaupt keinen Sinn hätte. Was sollte denn an der Kadmia verbessert werden? αὐτήν könnte höchstens auf Pompholyx bezogen werden; aber diese hatte als Nebenproduct für die Arbeiter weniger Bedeutung. Die Verbesserung, Veredelung der Bronzefabrikation (κατεργασία καὶ τελείωσις) ist mit dem βελτιοῦν αὐτήν gemeint (deutlicher wäre wohl αὐτὸν i. e. χαλκόν).

Wie Frantz behaupten kann, dass sich nicht mit Sicherheit nachweisen lasse, die Alten hätten bei Producten der Erzgiesserei Zink(Galmei)-Zuschläge gemacht, ist mir nach dem, was Frantz selbst S. 388 anführt, ganz unverständlich.

bergmännischen Sinne entsprechend. — Diese Art ist in den beiden folgenden Parallelstellen gemeint: Fit [sc. aes] ¹) et e lapide aeroso, quem vocant cadmiam. „Das Messing" (immer als eine Abart von Bronze betrachtet) entsteht (bald) aus dem Mineral, das man Kadmia nennt . . ." Dazu XXXIV. 22 ipse lapis, ex quo fit aes, cadmia vocatur. „Das Mineral selbst, aus dem aes (Messing) entsteht, heisst Kadmia." Die beiden Stellen besagen durchaus nicht, dass aus dem Steine allein das aes entsteht, sondern dass er zur Schmelze zugesetzt werden muss (fusuris necessarius), damit aes entstehen könne, was für die besondere Art desselben — das Messing — auch ganz richtig ist.²)

1) Diese Stelle scheint mir Frantz S. 337, Sp. 2, Anm. 1, nicht richtig zu deuten: Indem Frantz die das 2. Cap. einleitende Zeile „vena quo dictum est modo effoditur ignique perficitur" für ein Zurückgreifen des Verf. auf das im vorigen Buche abgehandelte Thema — das Silber — ansieht, supplirt er in der folgenden Zeile: fit argentum et e lapide aeroso etc. Er übersetzt dann: „gemacht wird es (Silber) auch aus einem Kupfererz, einem erzhaltigen Stein, den man Kadmia nennt". Erwägt man aber, dass in dem kurzen einleitenden Cap. 1 ausdrücklich gesagt wird, es solle zunächst von Erzgruben gesprochen werden (Proxima dicantur aeris metalla), dass dem Satze „fit et e lapide aeroso quem vocant cadmiam" sich der Satz anschliesst: „fit et ex alio lapide, quem chalciten vocant . . .", so dürfte man schon aus diesem Parallelismus im Ausdruck (das et . . . et entspricht hier dem μὲν . . . δὲ) schliessen, dass es sich beide Male um das gleiche Product, welches einmal aus der Kadmia, ein anderes Mal aus dem Chalcites erhalten wird, handle — nämlich um Messing. Ich glaube, dass meine Deutung aus den Parallelstellen das Verständniss der allerdings etwas salop abgefassten Sätze erleichtert. Ich übersetze: „das Erz wird in derselben eben (beim Silber) besprochenen Weise gegraben und durch Feuer ausgebracht. Es entsteht bald aus einem erzhaltigen Stein, den man Kadmia nennt" . . . . . „bald entsteht es aus einem anderen Steine, den man Chalcites heisst". Allerdings scheint Frantz, in vollem Widerspruch zu seiner obigen Ansicht, vier Spalten weiter der von mir eben erörterten sich zuzuneigen.

2) Kadmia bedeutet hier nicht „Kupfererz". Lapis aerosus heisst jedes Mineral, aus dem Bronze oder Messing gewonnen wird, deren beständige Verwechselung berücksichtigt werden muss. Indem man bemüht ist, den technischen Ausdrücken eine grössere Präcision und Schärfe beizulegen, erschwert man das Verständ-

2) Die andere Art von Kadmia ist die in Schmelzöfen entstehende; sie entspricht der καδμία des Dioskorides und ist wesentlich Zinkoxyd.

Von der natürlichen Kadmia behauptet auch noch
Plinius, sie tauge nicht als Heilmittel, sich hierin
vielleicht an Dioskorides' oder älterer Schriftsteller
Angaben anlehnend. [1]) Von der in den Oefen entstehenden Kadmia zählt
er mehrere Arten auf, die Botryitis, Ostracitis und
Onychitis, nicht weil er, wie der alte Salmasius behauptet, den Dioskorides missverstanden hat, sondern vielmehr damit eine neue Bekräftigung für die
Annahme liefernd, dass auch Dioskorides mit jenen
Bezeichnungen Hüttenproducte gemeint hat. Plinius
weicht also nicht, wie auch Frantz (S. 337, Sp. 2)
meint, von Dioskorides ab; diese scheinbare Ab-
weichung ist nur durch die oben besprochene eingeschobene Stelle und durch die Erklärer herbeigeführt.
Die beiden alten Schriftsteller machen in der Auf-
zählung der künstlichen Kadmia ganz übereinstimmende
Angaben.

Bei dieser Gelegenheit sei mir gestattet, das Verhältniss, das zwischen den Angaben der beiden Autoren
über die Kadmia besteht, näher zu beleuchten.

Wenn man die folgenden Stellen vergleicht:

Καδμείας ἀρίστη μέν ἐστιν ἡ κυπρία	Omnis autem cadmia in Cypri fornacibus optima
oder:	
γεννᾶται δὲ καὶ ἐκ τῶν ἀργυ-ρίων λιγνοτέρα καὶ κουφοτέρα οὖσα, κατὰ δὲ τὴν δύναμιν ἥττων (sc. τῆς ἐκ τοῦ χαλκοῦ, von welcher Dioskorides vorher spricht)	Fit (sine dubio) haec et in argenti fornacibus candidior ac minus ponderosa, sed nequaquam comparanda aerariae (XXXIV, 22)

so muss man die beinahe wörtliche Uebereinstimmung

---

niss. Plinius war kein Metallurg und Mineraloge. Ein Staats-
mann und Admiral unserer Zeit dürfte sich über die gleichen
Gegenstände nicht viel deutlicher ausdrücken, falls er nicht ein-
gehende Studien darüber anstellt.

1) Wenn ich nicht irre, hat nur der Bambergische Codex
„utilis", die anderen haben „inutilis medicinae".

augenfällig finden. Man kann nur annehmen, Plinius
habe, ohne den Dioskorides zu nennen, ihn zum
Theil wörtlich übersetzt, oder beide haben aus derselben Quelle geschöpft. Das erstere scheint mir hier
weniger wahrscheinlich. Plinius nennt so viele
Autoren, die er excerpirt hat, warum verschwiege er
gerade den Dioskorides.[1]) Ich glaube, die zweite
Annahme ist die richtige. Plinius enthält zum Theil
mehr Angaben, als Dioskorides; er nennt unter
den Arten der Kadmia eine capnitis (XXXIV. 22),
welche Bezeichnung bei Letzterem fehlt.

Plinius führt die von Nymphodorus und
Jollas angegebenen Bereitungsarten des Galmeis an.
Ich bin geneigt anzunehmen, dass auch Dioskorides
einen dieser Schriftsteller benutzt hat. Welchen von
beiden ist schwer zu errathen. Den Jollas ('Ιόλας)
hat er gekannt, denn er kritisirt seine Schrift in der
Einleitung (I. 1); für die Kenntniss des Nymphodorus
spräche der Umstand, dass er neben den gewöhnlichen
Arten der Reinigung des Zinkoxydes auch noch diese
angiebt (V. 85): πλύνεται δὲ καὶ οἴνω χίω „wird auch
mit chier Wein gewaschen", und Plinius ausdrücklich sagt, dies thue Nymphodorus (Nymphodorus
lapidem ipsum urit pruna et exustum Chio vino res-
tinguit). —

Die Pompholyx bezeichnet er als Asche des
Messings und der Kadmia (aeris et cadmiae favilla —
XXXIV. 33). Die Angaben über Spodos stimmen
in beiden Autoren überein.

Strabo giebt (III. 4 — Ed. Casaubon. p. 163

---

1) Die Anmerkung, welche Frantz über das Verhältniss
zwischen den beiden Autoren (S. 337) macht, ist mir unverständlich. Er sagt: „Plinius lebte und schrieb noch bei Lebenszeit
des Dioskorides, welcher [also Dioskorides] ihn [d. h. den
Plinius] sogar manchmal citirt." Mir ist nicht erinnerlich, wo
das geschehen soll, jedenfalls bei dem fraglichen Gegenstande
(über Kadmia) nicht. — Auch sagt Frantz selbst zwei Zeilen
weiter, die Möglichkeit sei nicht ausgeschlossen, dass auch Dioskorides manches den Schriften des Plinius entnommen hat.
Wenn er ihn citirt, so wäre da keine Möglichkeit, sondern volle
Sicherheit.

— Ed. Meineke 1866 l. p. 222. l. 14) ein Citat aus
Posidonius, welches mehr geeignet ist, die Bedeutung Cyperns für die Bronze- und Messingfabrikation
zu bestätigen, als neues Licht über unsern Gegenstand
zu verbreiten. Die Stelle ist sogar besonders vieldeutig. Sie heisst: „So führt, wie Posidonius sagt,
nur der Chalkos von Cypern: Kadmia, Chalkanthes
und Hüttenrauch." (ἐπεί, φησὶν ὁ Ποσειδώνιος, καὶ ὁ
Κύπριος χαλκὸς μόνος φέρει τὴν καδμείαν λίθον καὶ τὸ
χαλκανθὲς καὶ τὸ σπόδιον). Chalkanthes ist Kupfervitriol, der Hüttenrauch ist der um die Gicht des
Schmelzofens sich sammelnde „Ofengalmei" (des
Plinius capnitis), Chalkos kann Kupfer, Kupfererz
oder Bronze bedeuten, der Kadmeia-Stein ist unser
fossiler Galmei. Vielleicht will Strabo sagen, dass
nur auf Cypern Kupfererz und Galmei in inniger
Mengung oder doch neben einander sich finden. Zink
findet sich als Blende sehr oft in Kupfererzen (Percy,
Metallurgy. I. 484).

Gegen die Annahme, Strabo meine ein Zink
und Kupfer enthaltendes Mineral, also den Büratit
oder Aurichalcit, spricht sowohl die Seltenheit dieser
beiden, als auch das heutige Fehlen derselben auf
dieser Insel. Fände sich eines der beiden in einigermaassen grösserer Menge, so würde Unger das Mineral
gewiss nicht mit Stillschweigen übergangen haben.
Uebrigens zeichnen sich Strabo's metallurgische Angaben, wie ich noch Gelegenheit haben werde zu
zeigen, durch ihre besondere Verworrenheit und Unklarheit aus.

Wichtiger als diese Angaben sind die klaren und
eingehenden Erörterungen Galen's über Kadmia. —
„Kadmia", sagt er[1]), „entsteht bei der Darstellung des
Messings (χαλκός) in Schmelzöfen, indem die ganze
Erde, aus der das Messing sich bildet, während des
Schmelzofenprocesses (κατὰ τὴν καμινείαν) gleichsam eine
Art Russ oder Flugasche emporsendet." Das Unwesent-

---

1) Simpl. med. IX, cap. IX, 11 ed. Kühn (XII, p. 219). —
Ed. Chart. XIII (263). — Ed. Bas. II, 125.

liche in der Unterscheidung von „Erden" und „Steinen"
einsehend, fährt er fort: „Willst du es aber nicht
Erde, sondern Stein nennen, woraus sich beim Schmelz-
ofenprocess zum Theil Messing, zum Theil Kadmia
(Ofengalmei), zum Theil Diphryges bilden, so ver-
schlägt es nichts."
Nach dieser Schilderung des Vorganges bei der
Bildung der künstlichen Kadmia, geht er zur Be-
sprechung der fossilen über. „Aber auch ausserhalb des
Schmelzofens findet sich Kadmia auf Cypern, und mit
Recht könnte man sie eine Stufe (λίθον) nennen."
Er findet, im Gegensatz zu Dioskorides und
Plinius, die natürlich vorkommende sogar heilsamer,
als die in Schmelzöfen entstandene.
„So war zu der Zeit, als ich mich auf der Insel
aufhielt, bei Soloi äusserst wenig von der in Schmelzöfen entstandenen Kadmia (τῆς ἐν ταῖς καμινείαις γεννω-
μένης καδμείας ὀλίγιστον ἦν). Die Steine aber, welche
sich im Gebirge und um die Bergbäche finden, und die
ich vom Oberbergmeister (παρὰ τοῦ τοῖς μετάλλοις ἐπιτε-
ταγμένου) erhielt, nahm ich nach Asien und Italien
mit." Er schenkt sie seinen Freunden, erntet von
ihnen vielen Dank ein, und die Versicherung, dass
sie vorzüglicher waren, als jede andere Kadmeia.
Darum schliesst er seine Erzählung: „diese Art be-
nennt man wohl mit Recht Stein-Kadmia" (τὴν τοιαύτην
μὲν οὖν εἰκότως ἄν τις ὀνομάζοι λιθώδη καδμείαν).
Nun theilt er, noch einmal zu ihr zurückkeh-
rend, die Ofen-Kadmia ein. „Von der durch Brennen
erzeugten wird die eine Botryitis, die andere Plakitis
von den Aerzten genannt" (τῆς δὲ καμινευομένης ἡ μέν
τις βοτρυῖτις, ἡ δὲ πλακῖτις ὑπὸ τῶν ἰατρῶν καλεῖται).
Diese Stelle scheint mir zu beweisen, dass beide Namen
von den Aerzten bis hinauf in Galen's Zeit immer
nur der künstlichen Kadmia gegeben wurden.
Botryitis ist nach seiner weiteren Angabe die in den
oberen Theilen der Ofenwände gesammelte, Plakitis die
in den unteren; erstere ist feintheiliger (λεπτομερεστέρα),
die andere dichter (παχυμερεστέρα).
Von der Pompholyx sagt er, sie entstehe beim

— 14 —

Schmelzprocesse des Erzes „gerade wie die Kadmia";
aber auch beim Schmelzen dieser selbst. So liess in
seiner Gegenwart der Hüttenmeister, weil gerade die
zur Messingbereitung nöthige Mischung nicht bei der
Hand war (ἐπειδὴ τὴν παρασκευὴν οὐκ εἶχεν εἰς τὴν τοῦ
χαλκοῦ καμινείαν), Pompholyx aus der Kadmia selbst
bereiten, indem man kleine Bruchstücke der letzteren
ins Feuer warf. Er betrachtet die Pompholyx daher
als Loderasche der Kadmia. Dass er sie für verschiedene Dinge hält, geht daraus hervor, dass er in
dem Buche „De Succedaneis" empfiehlt, man solle,
wenn man Pompholyx nicht hat, die Ofen-Kadmia
(καδμία κεκαυμένη) anwenden. [Ed. Kühn. XIX. p. 740.
— Ed. Chart. XIII. 972.]
Dagegen erkennt er richtig das Verhältniss zwischen Pompholyx und Spodos. „Was vom Ofengewölbe
wieder hinabgetrieben wird und auf den Boden des
Ofens fällt, ist sogenannte Spodos und wird am reich-
lichsten beim Messingschmelzen gesammelt (τὸ δ'ἀντι-
καταφερόμενον κάτω καὶ πίπτον ἐπὶ τοῦδαφος ἡ καλου-
μένη σποδός ἐστι, πλείων ἀθροιζομένη κατὰ τὰς τοῦ χαλκοῦ
καδμείας. De simpl. med. IX. Cap. III, 25. — Ed. Chart.
XIII. 268. — Ed. Bas. II. 128).

Ungeachtet die über Kadmia gemachten und auf
uns gekommenen Angaben nur dürftig und zum Theil
unklar sind, gestatten sie doch, uns einige Vorstellungen
über die Bedeutung des Wortes zu bilden. Man hat,
wie wir gesehen, zu unterscheiden:

1. Die künstliche Kadmia (καδμία κεκαυμένη, καδμία καμινευομένη, καδμεία ἐκ τοῦ χαλκοῦ καιομένου, καδμεία ἐκ τῶν ἀργυρίων u. s. w.).

2. Die fossile Kadmia (λιθώδης καδμεία, καδμεία
λίθος, καδμεία ἐκ τῶν μετάλλων ὀρυσσομένη, zum Theil
auch γῆ ἐξ ἧς ὁ χαλκὸς γεννᾶται).

Die erste Art (Ofengalmei) ist unser zinkischer
(galmeiischer) Ofenbruch. Das Aussehen desselben
muss natürlich nach der Art von Erzen, welche ver-
hüttet werden, sehr wechseln. Die Benennungen der ver-
schiedenen Sorten sind aber so bezeichnend, die An-

gaben über die Farbe und sonstige Eigenschaften dieser
künstlichen Kadmia stimmen so gut zu den Eigenschaften, die wir am Ofenbruch beobachten, dass über
die Identität der beiden kaum ein Zweifel bestehen
kann. — Die Ofenbrüche haben meist eine mehr oder
minder deutlich traubige Oberfläche. Genau so schildert Dioskorides die Botryitis: „eine traubige Oberfläche besitzend" (ἔχουσα τὴν ἐπιφάνειαν βοτρυώδη). Der
Ofengalmei, welcher sich in den Bleiöfen der Communion-
Unterharzer Hütten ansetzt, bildet dichte, schalige
Massen (Muspratt) und dürfte der Placodes oder
Ostrakitis der Alten entsprechen. Der Ofenbruch ist
gewöhnlich auf seiner Bruchfläche grau oder gelblich
— wörtlich so drückt sich Dioskorides aus: „zer-
brochen ist (die Kadmia) inwendig aschfarb und auch
ockergelb" (ϑλασϑεῖσα δὲ ἔντεφρος ἔνδοϑεν καὶ ἰώδης).
Manche Erze z. B. die oben erwähnten vom Unter-
harz liefern einen Ofenbruch von schmutzig grauer
Farbe; sind sie in höherem Maasse kadmiumhaltig, so
wird der Ofenbruch braungelb. Die Menge der ver-
schiedenen beigemischten Stoffe, welche bei der Sublimation emporgerissen werden, wird nicht bei jeder
Beschickung des Ofens gleich bleiben. Da sie aber auf
die Färbung des Sublimates von Einfluss sind, so werden sich die einzelnen Schichten des Ofenbruches, die sich
nach und nach absetzen, in ihrer Färbung unterscheiden; auf dem Bruche wird sich ein gebändertes Aussehen bemerkbar machen. Manche Ofenbrüche zeigen
schöne Anlauffarben z. B. grünblau, während sie auf
dem Bruche grauweiss oder bläulich weiss und in der
beschriebenen Weise gebändert sind. Auch diese Art
kennt Dioskorides; es ist seine Onychitis, die er
als die zweitbeste mit den Worten schildert: „aussen
ist sie blau, innen aber weisslicher; sie hat zwischen
durchziehende Linien, dem Onyx ähnlich." (ἐχομένη
δέ ἐστιν ἡ ἔξωϑεν μὲν κυανίζουσα, ἔνδοϑεν δὲ λευκοτέρα,
διαφύσεις ἔχουσα ἐμφερεῖς ὀνυχίτῃ λίϑῳ.) Diese Daten
dürften den letzten Zweifel, ob Dioskorides Ofenbrüche oder fossilen Galmei beschrieben hat, beheben.

Diese Kadmia ist also verunreinigtes Zinkoxyd.[1]) Wesentlich mit ihr übereinstimmend, wiewohl reiner, ist Spodos. Das reinste Zinkoxyd (unsere Flores Zinci) stellt die Pompholyx vor. Die zweite Art Kadmia — die fossile — umfasst mehrere Zinkerze. Wenn man auch zu dieser Annahme nicht gerade, wie Beckmann meinte, genöthigt ist, um die klassischen Stellen, in denen das Wort vorkommt, ungezwungen deuten zu können, so berechtigen uns doch verschiedene Combinationen zu derselben.

Zunächst belegten die Alten unzweifelhaft mit dem Namen Kadmia jene Zinkerze, die wir heut unter „Galmei" verstehen, d. h. Zinkspath CO_3 Zn und Kieselgalmei SiO_4 $Zn_2 + 3H_2O$. Der wichtigste Ort für die Kadmia, nach welchem noch Galen reist, um seinen Bedarf zu decken[2]), war im Alterthum die Insel Cypern. Nun wird noch heut, nach Unger's Angabe (Die Insel Cypern, S. 18), dort Galmei getroffen[3]); die genannten beiden Erze begleiten einander häufig, auch wird die native Kadmia in einem alten chemischen Wörterbuche[4]) ein „gelber Körper" ($ξανθὸν$ $φάρμακον$) genannt.

Die Alten müssen aber auch die Zinkblende Zn S gekannt haben; denn diese bricht in Begleitung von Schwefel- und Kupferkies, von Bleiglanz und Silbererzen. Gerade die Zinkblende ist zuweilen so silber-

---

1) Eine Vorstellung von dem Grade der Verunreinigung giebt eine Analyse von Ahrend (nach Muspratt):

Zn O	= 80,29	Al₂O₃	= 0,35
Pb O	= 8,27	Si₂O₃	= 1,42
Cu O	= 0,23	C O₂	= 0,23
Fe₂O₃	= 5,06	S O₃	= 0,28
	S = 3,21.		

2) l. c. III, 8 (Ed. Kühn, vol. XII, p. 216. — Ed. Chart. XIII, 262. — Ed. Bas. II, 125).

3) Auch in den Bergrevieren von Laurion findet man noch jetzt Galmei. Mit Steinkohle geröstet, wird das dabei entstandene, 30—40 Proc. Zink enthaltende Product nach Frankreich ausgeführt. S. d. Bl. 1876, S. 190 u. 309 (Landerer).

4) Salmasius: De homonymis.

haltig, dass es verlohnt, das Silber aus ihr zu gewinnen.
Das wäre dann jene Kadmia gewesen, die Galen
(IX. Cap. III. 11, Kühn, Vol. XII. p. 219) erwähnt:
„Die Kadmia entsteht auch in den Silberbergwerken
durch eine ähnliche Scheidung (d. h. wie in den Schmelzöfen) oder einen ähnlichen Bildungsvorgang, oder wie
man es nennen mag" (γίγνεται δὲ καὶ ἐν τοῖς ἀργυρίοις
μετάλλοις κατὰ τὴν ὁμοίαν διάκρισιν ἢ γένεσιν ἢ ὅπως ἂν
ἐθέλῃς ὀνομάζειν). — In der That findet man noch
heute zu Laurion Zinkblende mit silberhaltigem Bleiglanz[1]), und manche antike Schlacken von Laurion
(z. B. die von Kyprianos) haben bis zu 10,3 Proc.
Zink.[2]) Die Zinkblende vor allen dürfte das Material
für die in Silberschmelzöfen entstandene Kadmia gewesen sein.[3]) Dass die Kadmia der Silberbergwerke
(ἐν τοῖς ἀργυρίοις μετάλλοις γενομένη) von der aus ihr
entstandenen Kadmia der Silberschmelzen (ἐκ τῶν ἀργυρίων) verschieden ist, versteht sich von selbst.
Die Zinkblende ist auch die gewöhnliche Form,
in der sich Zink in Kupfererzen findet. (Percy,
Metallurgy. 1861, I, p. 477 u. 484.) Noch heut schmilzt
man in Schweden zinkhaltige Kupfererze, die massen-
haft zinkischen Ofenbruch bilden (Percy, l. c. p. 524).
Auch Percy (p. 525) ist der Meinung, dass die
Alten entweder ein Gemisch von kohlensaurem Zink
und kohlensaurem Kupfer verschmolzen, wobei sie
direct Messing und in den höheren Theilen des Stich-
ofens zinkischen Ofenbruch erhalten mussten. Für
diese Annahme spräche Unger's Vermuthung (l. c.),
dass auf Cypern nicht geringe Mengen von Malachit
mögen vorgekommen sein. — Oder sie schmolzen Zinkblende mit Schwefelkupfer, wobei sich allerdings

---

1) S. Landerer's sehr interessante Artikel „Mittheilungen
über Griechenland" in d. Bl. 1876, S. 407.
2) Vergl. d. Bl. 1878, S. 38 (Winkler).
3) Dioskorides giebt als Eigenschaft der besten Pompholyx an, dass sie beim Kosten nach Kuth rieche (βορβορίζουσα
ἐν τῇ γεύσει). Das thun nun bekannter Maassen reine Zinkblumen nicht, wohl aber riecht manche zerstossene Zinkblende,
die das Material für Pompholyx abgeben mochte, nach Schwefel-
leber (Fuchs, Geschichte des Zinkes. 36).

Schwierigkeiten für die directe Messingbildung ergeben mussten, wobei aber jedenfalls auch Kadmia entstand. Jedenfalls musste dem Schmelzen das Rösten vorhergehen. [1]

II. **Welche andere Benennungen, ausser Kadmia, dürfen wir als zinkhaltige Erze deuten?**

Die alten Bergleute unterschieden die Erze nur nach äusserlichen, oft sehr trügerischen Merkmalen. Ohne jene Mittel, welche uns die chemische Analyse an die Hand giebt, ohne genaue Kenntniss des Unterschiedes von reinen Metallen und Legirungen mussten sie nicht selten in die Lage kommen, verschiedene Erze mit dem gleichen Namen zu belegen (wie es an der Kadmia eben gezeigt worden), und ebenso oft (wie wir sehen werden) gleiche Erze wegen ganz zufälliger Verschiedenheiten für verschiedene Minerale zu halten und verschieden zu benennen. Die Verwirrung musste aber um so sicherer eintreten, wenn sich die Erze in einer innigeren Mengung neben einander fanden.

Zu den Mineralien, welche unzweifelhaft Zinkoxyd lieferten, müssen wir den Pyrites ($\pi\nu\varrho i\tau\eta\varsigma$ $\lambda i\vartheta o\varsigma$) rechnen. Dioskorides (VII. 84) giebt nämlich ausdrücklich an, dass dieser Kadmia liefert. „Diese wird auch aus dem oberhalb Soloi gelegenen Berge durch Brennen des sogenannten Pyrites gewonnen." ($M\varepsilon$-$\tau\alpha\lambda\lambda o\nu\varrho\gamma\varepsilon\tilde{\iota}\tau\alpha\iota$ $\delta\dot\varepsilon$ $\dot\varepsilon\varkappa$ $\tau o\tilde{\nu}$ $\pi\varrho o\ddot\nu\pi\varepsilon\varrho\varkappa\varepsilon\iota\mu\dot\varepsilon\nu o\nu$ $\pi\nu\varrho i\tau o\nu$ $\vartheta i\lambda o\nu$ $\varkappa\alpha\iota o\mu\dot\varepsilon\nu o\nu$). Dasselbe bestätigt Galen (l. c. IX. Cap. III. 11): „Aber auch indem man den Pyrites brennt, entsteht Kadmia ($\dot\alpha\lambda\lambda\dot\alpha$ $\varkappa\alpha\dot\iota$ $\tau o\tilde{\nu}$ $\pi\nu\varrho i\tau o\nu$ $\varkappa\alpha\mu\iota\nu\varepsilon\nu o\mu\dot\varepsilon\nu o\nu$ $\gamma i\gamma\nu\varepsilon\tau\alpha\iota$ $\varkappa\alpha\delta\mu\varepsilon i\alpha$). Von diesem Pyrites sagt ferner Dioskorides (V. 142), dass er messingartiges (metallisches) Aussehen hat und leicht Funken giebt ($\varepsilon\dot\nu\chi\varepsilon\varrho\tilde\omega\varsigma$ $\sigma\pi\iota\nu$-$\vartheta\tilde\eta\varrho\alpha\varsigma$ $\dot\alpha\varphi\iota\varepsilon\dot\iota\varsigma$). — Nach Plinius (XXXVI. 30) giebt es zwei Arten Pyrit (ganz abgesehen von dem ebenso benannten Feuerstein). Beide sind von metallischem

---

1) Vielleicht deutet Plin. XXXIV. 20 auf diesen Process hin; wenn nicht vielmehr ein wiederholtes Umschmelzen gemeint ist.

Aussehen (similitudine aeris). „Man will ihn auf Cypern finden und in Bergwerken in Arkadien herum, einen von Silber-, einen von Goldfarbe." (In Cypro eum reperiri volunt, et in metallis, quae sunt circa Acarnaniam, unum argenteo colore, alterum aureo.) Diese Angaben können nur auf eine viel Eisenkies enthaltende Zinkblende bezogen werden. Diese giebt am Stahl oder gerieben Funken, liefert Zinkoxyd und kann zur Gewinnung von Chalkos, d. h. Messing verwendet werden. Diese findet sich endlich noch heute auf Cypern. Bei Plinius könnte übrigens eine Verwechslung vorliegen: einerseits mit Eisenkies (sein pyrites aureo colore), andererseits vielleicht gar mit lichtem Kieselgalmei (sein pyrites colore argenteo), der, wie erwähnt, den Zinkspath begleitet.

Ein zinkhaltiges Erz scheint man — wenigstens zuweilen — unter Chalkitis (χαλκῖτις) verstanden zu haben. Die Angaben über dieselbe sind leider zu unbestimmt und verworren, um sichere Schlüsse zu gestatten. Die Verwirrung wird noch dadurch vermehrt, dass man von der Chalkitis noch einen Chalkites (χαλκίτης) unterschied. Beide werden ohne genauere Angabe in den Schriften des Aristoteles erwähnt.[1]

Aus Dioskorides erfahren wir nur, dass die Chalkitis bald steinig, bald leicht zerreiblich war (εὔϑρυπτος), gelegentlich auch mit langen glänzenden Adern durchzogen (ἴνας ἐπιμήκεις καὶ ἀποστιλβούσας ἔχουσα V. 114). In irdenen Gefässen gebrannt wird sie blut- oder mennigroth (αἱματοειδὴς καὶ μιλτώδης), weiter geröstet gelblich (ὕπωχρος V. 115). — Aus Galen erfahren wir, dass sie mit Sory und Misy wesentlich einer Art ist. Das meiste Licht verbreitet noch die Angabe des Plinius (XXXIV. 2); leider muss man bei ihm auf Verwechselungen gefasst sein.

---

1) ἐν δὲ Κύπρῳ, οὗ ἡ χαλκῖτις λίθος καίεται. (περὶ τὰ ζῶα ἱστορίαι. E. 19. Ed. Acad. Reg. Boruss. I, 552b. 10.) καὶ μίσοτι καὶ ὁ χαλκίτης (Fragmenta V. 1524b. 10).

Er führt die Chalkitis als eines der beiden wichtigen
Minerale zur Gewinnung von aes auf. Da dieses
ebenso gut Bronze als Messing bedeutet, so wäre daraus
keine Folgerung möglich, ob Chalkitis ein kupfer- oder
zinkhaltiges Mineral sei. Wichtig aber scheint mir
für die Entscheidung der Frage, dass sowohl an dieser
Stelle, als auch später (XXXIV. 29) die Chalkitis zusammen mit Kadmia und sogar in engster Beziehung
zu aurichalcum abgehandelt wird. Noch mehr —
nach Plinius soll der Unterschied zwischen beiden
darin bestehen, dass Chalkitis aus Felsen gehauen
wird, die zu Tage stehen, Galmei aus unterirdischen;
ferner dadurch, dass Chalkitis sich leicht zerreiben
lässt, dass sie von Natur weich ist. Diese Unterschiede
sind, wie man sieht, ganz unwesentlich. Ja wir wissen
aus Untersuchungen von Unger (l. c.), dass die alten
Bergwerke auf Cypern in der Regel nur Tagebaue
gewesen sein können. Zur Annahme, dass Chalkitis
Galmei war, passt nicht schlecht die Bemerkung des
Plinius, man schätze sie vor allem, wenn sie honig-
gelb, von zarten Adern durchzogen und leicht zerreiblich war (mellei coloris, gracili venarum discursu, fria-
bilis). Wenn endlich die Angabe richtig ist, dass sie
40 Tage mit Essig behandelt Safranfarbe annimmt, so
kann da von einem reinen Kupfererz nicht die Rede sein,
das unter diesen Umständen Grünspan geben müsste.
Erwägt man, dass Kieselgalmei schon durch Essigsäure
zerlegt wird, dass er in Begleitung von Zinkspath auf-
tritt, dieser letztere öfter von Brauneisenstein begleitet
wird (rother Galmei) und bisweilen bis 36 Proc. Eisen-
oxyd enthält, so würde die Annahme, dass man sich
ein ähnliches Gemenge unter Chalkitis zu denken hat,
zu den oben angeführten Farbenänderungen gut passen.
— Doch soll nicht unerwähnt bleiben, dass auf Cypern
Kupferkies (vielleicht χαλκίτης) das verbreitetste Kupfererz
war, dass es sich noch heute in den Bergen hinter
Paphos findet, dass endlich bei Paphos und Soloi sich
Roth- und Brauneisenstein in Gesellschaft von Eisen-
ocker fand und verarbeitet wurde. Man dürfte der
Wahrheit am nächsten kommen, wenn man keine zu

scharfe Scheidung versucht, — keine schärfere, als
die Alten selbst zu treffen im Stande wären.
Noch schwieriger aber wird die Bestimmung von
Misy und Sory. Galen betrachtet beide als wesentlich untereinander und mit Chalkitis identisch. „Ver-
wandt der Chalkitis ist das Misy und Sory; denn sie
sind, sozusagen, aus einer Wurzel erwachsen, nur ist
das Misy feintheiliger, . . . das Sory dichter (ὁμογενὲς
τῇ χαλκίτιδι τό τε μίσυ καὶ τὸ σῶρυ· ἐκ μιᾶς γὰρ, ὡς ἄν
εἴποι τις ἐκφυόμενα ῥίζης ἐστὶ, λεπτομερέστερον μὲν ὑπ-
άρχον τὸ μίσυ, . . . παχυμερέστερον δὲ τὸ σῶρυ. l. c. IX.
III. 21. — Ed. Chart. XIII. 266. — Ed. Bas. II. 127).
In anmuthig lebendiger Weise schildert er sein Ein-
sammeln der drei Körper auf Cypern und sein Er-
staunen, wie er nach Jahre langem Aufbewahren die-
selben verändert findet. Er glaubt zu bemerken, dass
im Kleinen dieselbe Veränderung vorgeht, die er für
die Umwandlung der Stoffe im Bergwerke annimmt.
So glaubt er, dass sich aus Sory die Chalkitis, aus
dieser das Misy bilde.[1]) Dass das Misy bei Galen
ein Verwitterungsproduct ist, geht aus seinen Worten
unzweifelhaft hervor. Der Klumpen von Chalkitis war
im Innern unverändert, äusserlich war er in Misy um-
gewandelt, welches als „Efflorescenz" (καθάπερ ἐπάνθισ-
μά τι τοῦ ἔνδον) aufsass, und sich gebildet habe „wie
Grünspan auf Erz" γεννᾶσθαι τὸ μίσυ καθάπερ τὸν ἰὸν
ἐπὶ τῷ χαλκῷ). Auch seine Chalkitis ist schon ein
Umwandlungsproduct, wenigstens zum Theile, denn
sie verliert durch Brennen an Kraft, während sie
vorher im Stande ist, Schorfe (ἐσχάρα) zu erzeugen.
So undeutlich diese Angaben sind, so glaube ich,
dürfte die Vermuthung einige Berechtigung haben, es
seien Erzstücke gewesen, in denen sich im Laufe der
Jahre neben Kupfersulfat Zink- und (vor allem) Eisenvitriol gebildet hatte. Dafür scheint mir ausser der
schorfbildenden Wirkung noch zu sprechen, dass nach
Dioskorides (V. 118) das Sory brechenerregend

---

1) Plin. XXXIV. 29 giebt hingegen an, dass aus Chalkitis
mit der Zeit Sory werde, aus Sory aber Misy (XXXIV. 31).

und adstringirend ist, seine Lösung wacklige Zähne festigt (τοὺς ὑποσάλους ὀδόντας κρατύνει) und den Haarfärbemitteln zugesetzt wird (μίγνυται καὶ εἰς τριχῶν μελάσματα). Stellen wir uns vor, dass diese Masse noch von unveränderten Schwefelkieskrystallen durchsetzt war, so würde dies zu der Beschreibung des Dioskorides sehr gut passen.

Das Misy ist goldfarbig, hart (χρυσοφανὲς, σκληρόν) beim Zerkleinern goldschimmernd und sternartig glänzend (χρυσίζον καὶ ἀποστίλβον ἀστεροειδῶς); das Sory ist porös (κατατρήσεις πολλὰς ἔχον; spongiosum nach Plinius XXXIV. 30), beim Zerschlagen funkelnd (λαμπυρίζον). Es handelt sich hier nicht blos um das Funkeln und Schimmern eingesprengter metallglänzender Kryställchen, sondern um wirkliches Funkengeben, denn Plinius sagt ausdrücklich: notae sunt friati aureae scintillae (bekannt sind die goldigen Funken des geriebenen Misy). Diese Erscheinung scheint mir auf Schwefelkies zu deuten.[1])

Noch einige Worte über die Beziehung von Diphryges zu den Zinkerzen. Dioskorides (V. 119) und Plinius (XXXIV. 37) unterscheiden drei Arten: 1) eine auf Cypern aus der Tiefe kommende schlammige Masse, die in der Sonne gedorrt, dann mit Reisigfeuer gebrannt wird (daher διφρυγές = zweimal geröstetes); 2) die Schlacke, welche sich bei der Messingbereitung neben Messing und Ofenbruch bildet; 3) den mehrere Tage zur Rothgluth erhitzten Pyrit. — Galen[2]) erzählt, er habe bei dem 30 Stadien von Soloi

---

1) Dass man im Alterthume Kupferkies und Schwefelkies mit einander wird verwechselt haben, ist bei der äusserlichen Aehnlichkeit beider Körper sehr wahrscheinlich. Nach Brognart wäre Sory natürlicher Kupfervitriol: J'ai reçu des environs de Cuença en Espagne un sulfate de cuivre naturel en masse d'un blanc verdâtre sale, qui avait tous les caractères du sory, sa consistance spongieuse, son aspect gras dans le broyage et son odeur nauséabonde. (Plin. ed. Lemaire. Vol. IX. p. 260. Excurs II von Delafosse.) In der That enthält der natürliche Kupfervitriol oft Eisenvitriol beigemischt, und sieht dann bläulich grün und undeutlich krystallisirt aus.
2) De med. simpl. fac. IX. Cap. III. 8. — Kühn. Bd. XII. p. 214. — Ed. Bas. II. 125. — Ed. Chart. XIII. 261.

gelegenen Bergwerke grosse Halden von Diphryges
gesehen; der Hüttenmeister habe ihm erklärt, was
neben der Kadmia gefunden werde, sei unbrauchbar
und werde darum, wie die Asche des Brennholzes,
weggeschafft. Man könnte an taubes Gestein denken,
aber Galen spricht zweimal ausdrücklich von Diphryges als einem Ofenproduct. Er redet (IX. III.
11) von dem Gestein, „aus dem sich in den Schmelzöfen
theils Messing, theils Kadmia, theils Diphryges bilden";
und später (IX. III. 34) zählt er unter den durch
Brennen erzeugten Stoffen: „Messing, Kadmia, Pompholyx, Spodion und Diphryges" auf. Wir dürfen
daraus schliessen, dass Galen's Diphryges Schlacken
von zink- und kupferhaltigen Erzen waren, die noch
etwas von den Metallen enthalten mochten.

III. Was ist Oreichalkos?

Wir begegnen dem Worte ὀρείχαλχος sehr frühzeitig. Wenn man es auch in der Ilias und Odyssee
vergebens sucht, so findet es sich doch einmal in den
Homerischen Hymnen. [1]) Die Horen schmücken Aphrodite „und in die wohldurchbohrten Ohrläppchen steck-
ten sie Blumen (Zierrath) von goldfarbigem, geschätztem
Oreichalkos." Sodann erzählt Hesiod [2]), Herakles
habe Beinschienen von Oreichalkos angelegt; da er
aber nur das Epitheton „glänzend" (φατινός) gebraucht,
so lässt sich aus dieser Stelle nicht entnehmen, um
was für ein Metall oder um welche Metalllegirung es
sich handelt. — Es scheint mir unstatthaft, aus der
späteren Bedeutung des Wortes eine Folgerung auf die
Bedeutung desselben in jenen früheren Perioden zu
ziehen, und es muss unentschieden bleiben, was das
„Oreichalkos" des heroischen Zeitalters war. Der aus
dem Hymnus angeführten Stelle lässt sich mit Sicherheit nur das eine entnehmen, dass der Oreichalkos

1) Hymn. an Aphrodite VI. (V.) 9:
  ἔθηκαν .... ἐν δὲ τρητοῖσι λοβοῖσιν
  ἄνθεμ' ὀρειχάλκου χρυσοϊό τε τιμήεντος.
2) Scutum Hercul. v. 122.

— 24 —

goldfarben, daher sehr wahrscheinlich Messing war.
Dass dieses zu Schmucksachen diente, giebt (Pseudo-)
Arrianus im Periplus an [1]); ja es sind solche sogar
erhalten. Auch für die klassische Periode ist die Bedeutung,
so viel ich finden konnte, nicht sicher festgestellt. Erst
der Vergleich mit römischen Schriftstellern und die
Angaben viel späterer chemischer Wörterbücher lassen
darüber keinen Zweifel, dass wenigstens zu Beginn
unserer Zeitrechnung das Wort unser Messing bedeutete. [2]) Die Römer nennen es aurichalcum. Dass
dieses eine gelbe Legirung war, geht aus einer Stelle
Cicero's (De offic. III. 23, 92), und einer Stelle des
Corpus Juris (L. 45. D. de contrah. emt. XVIII. 1)
hervor, die von einer Verwechselung des Aurichalcum
mit Gold handeln [3]), ferner aus Plinius' Angabe

1) Peripl. maris Erythraei c. 6. (Müller I. 262): ὀρείχαλκος,
ᾧ χρῶνται πρὸς κόσμον καὶ εἰς συγκοπὴν ἀντὶ νομίσματος·
2) Z. B. war das berühmte Nicaenische Erz „Messing":
ὀρείχαλκός ἐστι ὁ Νικαηνὸς ὁ διὰ καδμίας γινόμενος. Salmas II
p. 228, 1. col. B.
3) Verwechselungen von Gold und aes: L. 9. §. 2. D. 18. 1
(Ulpian); L. 14. eod. (Ulpian); L. 22. D. 45. 1 (Paulus).
Das lateinische Aurichalcum ist unzweifelhaft aus ὀρείχαλκος
entstanden, unter Aenderung des männlichen Geschlechts ins
sächliche, entsprechend dem Gesetz, dass im Lateinischen alle
Metalle sächlich sind (in gleicher Weise ist aus ἤλεκτρος lat.
electrum geworden). Die erste Hälfte des lat. Wortes verleitete
die Dichter zu dem Glauben, das aurichalcum habe etwas mit
Gold zu thun, sei eine Legirung von Gold und Kupfer. Auch
mögen Verwechselungen mit kostbaren Legirungen, z. B. mit
Electrum, korinthischem Erz vorgekommen sein, ja Plinius
(XXXIV. 20) erwähnt einer besonderen Legirung von 96 Proc.
Messing mit 4 Proc. Gold. Dass aber Aurichalcum selbst keine
Goldlegirung war, erhellt schon aus der oben angezogenen Stelle
aus Cicero, der das Gold tausendmal höher bewerthet, als Aurichalcum. Man hätte daraus nicht Tuben (Val. Flacc. III. 61)
oder Cymbeln (ὀρείχαλκον λάλα κύμβαλα) gefertigt. — Festus,
De verborum significatione (ed. C. O. Müller p. 9) sagt: „Aurichalcum vel orichalcum quidam putant compositum ex aere et
auro, sive quod colorem habet aureum. Orichalcum sine dicitur,
quia in montuosis locis invenitur. Mons etenim Graece ὄρος ap-
pellatur." (Aurichalcum oder Orichalcum glauben einige aus Erz
und Gold zusammengesetzt oder (es heisse so), weil es Goldfarbe

(XXXVII. 42), dass die reinen goldglänzenden Topase
(chrysolithus aureo fulgore translucens) à-jour gefasst
(funda includuntur), die minderen Sorten — offenbar
um ihnen auch Goldglanz zu geben — mit einer Folie
von Aurichalcum unterlegt wurden.

Wenn es nun auch feststeht, dass das Aurichalcum
Messing war, so ist dies doch nicht die gewöhnliche
Bezeichnung für diese Legirung.

Wie wir schon bei der Besprechung der Zinkerze
wiederholt darauf hingewiesen, hat das Wort Chalkos,
neben der Bedeutung von Kupfer und Bronze, auch
ganz gewöhnlich die von Messing. Ausser der Be-
reitungsweise (Diosk. V. 85) spricht dafür auch die
Farbe der durch Hämmern abgelösten Schüppchen,
welche Dioskorides (V. 89) als blassweingelb (ἐγκιῤ-
ῥος) bezeichnet. — Am Unzweideutigsten aber ist die
interessante Stelle aus Pseudo-Aristoteles Mirab.
Ausc. (Ed. Westermann. Nr. 49): „In Indien soll
der Chalkos so glänzend, rein und grünspanfrei sein,
dass er der Farbe nach vom Golde nicht unterschieden wird; unter den Bechern des Darius
sollen einzelne, ja viele Trinkgeschirre sein, die man,
wenn nicht nach dem Geruche, anders nicht unterscheiden kann, ob sie aus Chalkos oder Gold seien"
(φασὶ δὲ καὶ ἐν Ἰνδοῖς τὸν χαλκὸν οὕτως εἶναι λαμπρὸν καὶ
καθαρὸν καὶ ἀνίωτον, ὥστε μὴ διαγινώσκεσθαι τῇ χρόᾳ
πρὸς τὸν χρυσόν, ἀλλ' ἐν τοῖς Δαρείου ποτηρίοις βατιακὰς
εἶναί τινας καὶ πλείους, ἃς εἰ μὴ τῇ ὀσμῇ, ἄλλως οὐκ ἦν
διαγνῶναι πότερον εἰσὶ χαλκαῖ ἢ χρυσαῖ). Setzte man
mehr Zinkerz oder Ofenbruch zu, so fiel die Legirung
blässer aus — dem Silber in der Farbe sich nähernd.
Dies ist der weisse Chalkos (χαλκὸς λευκός), der mit
Essig nicht recht ausgiebig Grünspan lieferte, und
darum von Dioskorides (V. 89) verworfen wird.[1]

hat. In der That aber wird es Orichalcum genannt, weil es in
Berggegenden gefunden wird; denn der Berg heisst griechisch
ὄρος.)

1) Krinagoras, ein Dichter der Augusteischen Zeit,
spricht von einem Gefässe, os sei „aus Chalkos, dem Silber
durchaus ähnlich; ein indisches Werk" (χάλκιον ἀργυρέω
παντίκελον, Ἰνδικὸν ἔργον. Cl. Brunckii Analecta. II. p. 142)

Ihm gegenüber steht der rothe Chalkos (χαλκὸς ἐρυθρὸς.
Diosk. V. 89 und Theophr. De lapid. 57) — das
reine Kupfer. Ganz entsprechend dem Chalkos ist die Bedeutung
des aes, von dem Plinius (XXXIV.
20) noch eine besondere Art, das Aes coronarium (Rauschgold) unterscheidet. Man schlug es auf Cypern zu feinen Blättern
und färbte diese mit Rindsgalle. Sie dienten den
Komödianten zu Kränzen.

Es muss auffallen, warum die Autoren zwischen
Chalkos und Oreichalkos unterscheiden. Offenbar hielten
sie beide Legirungen in der ersten Zeit für verschieden.
Oreichalkos scheint das zufällig durch eine günstige
Mischung von Erzen entstandene Messing gewesen zu
sein, das ihnen darum als ein besonderes Metall erscheinen mochte, während das durch bewussten Zusatz
von Zinkerzen erhaltene ihnen nur als gefärbte Bronze
erschien, die darum keinen besonderen Namen erhielt.
Jene natürliche Legirung, die sozusagen in den Bergen
selbst zu Stande gekommen war, führte daher den
Namen Bergbronze, Bergmessing (ὀρείχαλκος).
Für diese Deutung spricht das ausdrückliche Zeug-
niss des Plato[1]) und Plinius. Der letztere erzählt
(XXXIV. 2), man gewinne das Erz (Messing, Bronze)
auch aus Chalkites (Kupferkies), später sei es sehr
wohlfeil geworden, weil man vorzüglicheres gefunden
habe, darunter vor allem als bestes und geschätztestes
das „aurichalcum", das aber seiner Zeit nicht mehr
gefunden wurde, weil die Erde erschöpft war
(effoeta tellure); dann führt er noch verschiedene andere Erzstufen auf. Dass er nicht sagen wollte, man
habe das Aurichalcum gediegen gefunden, scheint mir
schon daraus einzuleuchten, dass er es mitten unter
anderen Erzen aufzählt.

Dass solche Lagen, in welchen Kupfer- und Zinkerze in dem günstigen Mengenverhältnisse sich bei-
sammenfanden, bald erschöpft sein mochten, ist sehr

1) Kritias. 114. e.: τὸ γένος ἐκ τῆς γῆς ὀρυττόμενον ὀρι-
χάλκου „die aus der Erde gegrabene Art von Oreichalkos."

wahrscheinlich; so konnte es spätere Schriftsteller geben,
welche die Existenz solcher Lager ganz leugneten,
z. B. Pollux [1]), der allerdings an einer anderen Stelle [2])
den Oreichalkos doch zu den Erzstufen zu zählen
scheint. Nur diesen Sinn kann die Behauptung eines
alten Scholiasten des Apollonius (lib. IV) haben,
Aristoteles leugne den Oreichalkos [3]), d. h., dass
es Messinggruben gebe.
Erst in späterer Zeit bezeichnete man das durch
Zusatz von Kadmia gewonnene Messing auch mit dem
Namen Orichalcum. Z. B. Festus (etwa im 4. Jahrh.
nach Chr.) definirt die Kadmia „eine Erde, die man
dem Erz zusetzt, damit Orichalcum entsteht." (Cadmea
terra, quae in aes coicitur, ut fiat orichalcum. Ed. C.
O. Müller p. 47.) [4])
In der Kaiserzeit fügte man der Schmelze plan-
mässig Galmei zu. Man kann Frantz (S. 232) nicht
beistimmen, dass der hohe Zinkgehalt gewisser Kaisermünzen nur ein „zufälliger" sei. Plinius (XXXIV. 2)
sagt: das Marianische Erz „nimmt nächst dem Livia-
nischen am meisten (leichtesten) Kadmia auf und ahmt
in den Sesterzen und Dupondien die Güte des Auri-
chalcums nach" (cadmiam maxime sorbet, et aurichalci
bonitatem imitatur in sestertiis dupondiariisque). —

---

1) Onomasticon VII. 100: τὸ γὰρ τοῦ ὀρειχάλκου μέταλλον
οὐδέπω καὶ νῦν εἰς πίστιν ἥκει βεβαίαν.
2) III. 87.
3) Der Scholiast behauptet, Aristoteles habe den Namen
geleugnet; was geradezu sinnlos ist. — In den Mirab. Auscult. 58
wird von dem Erz von Demonesos, einer Insel bei Chalcedon
erzählt, dass es aus dem Meere geschafft werde (χαλκὸς κολυμ-
βητής: durch Taucher — κολυμβηταί — heraufgeholtes Erz), und
dass daraus zwei Statuen, sogenannte Oreichalkoi, gemacht seien
(cf. Antigoni Histor. mir. Ed. Westermann Nr. 131). Auch
wenn diese Bruchstücke dem Aristoteles oder seinem Schüler
Theophrast nicht angehören, ist das Wort, wie wir wissen, sehr
alt. Vergl. Salmas. II. 228. 2. Sp.; D.
4) Salmasius II. 228. 1. Sp. B. führt aus einem alten
chem. Wörterbuche an: ὀρείχαλκός ἐστι ὁ Νικαηνὸς ὁ διὰ καθ
μίας γενόμενος; die Identität mit Messing erhellt daraus, dass
bald χαλκὸς Νικαηνός, bald ὀρείχαλκος Νικαηνός gebraucht wurde.

Der Gehalt der analysirten Münzen an Zink ist noch
viel höher, als F r a n t z angiebt. [1])
Eine Zusammenstellung der Analysen von Messingmünzen, soweit sie mir bekannt geworden sind, wird
am besten die Natur der Legirungen zeigen. Aus der
Zeit des A u g u s t u s ist eine Münze (Sesterz), die von
der Familie der Cassier (20 v. Chr.) geprägt ward,
untersucht; sie besteht nach P h i l l i p s [2]) Analyse aus:
$Cu = 82{,}26$, $Zn = 17{,}31$, $Fe = 0{,}35$. (Gewicht: 23,64 g.)
Folgende Zusammensetzung zeigen die Messing-
münzen der Kaiser [3]):

1) F r a n t z macht sich eines unbegreiflichen Widerspruchs
schuldig. Er sagt S. 232: „Dass man im Alterthum auch natürliche Messingerze fand und verarbeitete" und die zinkhaltigen
Kaisermünzen mögen aus diesen Erzen hergestellt sein. Seinen
Aufsatz schliesst er aber (S. 389): „Weder ein natürliches Messing-
erz, noch ein goldhaltiges Messing hat es bei den Alten gegeben." Die ohne Quellenangabe angeführte Analyse der Hadria-
nischen Münze mit nur 6,43 Proc. Zn ist falsch. Die beiden
Analysen von P h i l l i p s sind:

Cu = 85,78	85,57		Cu = 85,67
Sn = 1,19	1,09	Daraus der	Sn = 1,14
Pb = 1,81	1,65	Mittelwerth:	Pb = 1,73
Zn = 10,81	10,85		Zn = 10,83
Fe = 0,74	0,74		Fe = 0,74

Dieser Mittelwerth ist richtig citirt in den Annal. d. Chem.
und Pharm. Bd. 81, S. 206, im Pharmac. Centralbl. 1852, S. 101,
bei B i b r a (Bronzen) und M o m m s e n (röm. Münzwesen). — In
Z i p p e ' s Geschichte der Metalle 1857 findet sich nur die erste
Analyse, und zwar mit dem Druckfehler 6,43 statt 10,81; desgleichen in N ö g g e r a t h ' s populärem Aufsatze 1866, bei M u s -
p r a t t (1. Aufl. 1861 und die folgenden Aufl.) und in der Publi-
cation von F r a n t z, wo es überdies statt 85,87 heissen soll: 85,78.
Nicht streng genug kann man die immer häufiger geübte Art des
Citirens tadeln, dass man seine Belege von zweiter und dritter
Hand nimmt und sich den Schein giebt, das Original benutzt zu
haben. Indem sich einer auf den andern verlässt, schleppen sich
Druckfehler, wie der vorliegende, durch die Bücher fort. Die
Neronische Münze hat die Zusammensetzung:

Cu = 81,07	—	81,07	
Sn = 1,06	1,04	1,06	Mittelwerth.
Zn = 17,73	17,90	17,81	

2) B i b r a. Die Bronzen und Kupferlegirungen der alten
Völker 1869, S. 52, Nr. 17, auch Percy I. 522.

3) Berücksichtigt sind nur solche, die mehr als 10 Proc. Zink
und nicht viel mehr, als 1 Proc. Zinn enthalten.

Augustus:

[3]) $Cu = 87,05$, $Sn = 0,72$, $Zn = 11,80$, $Fe = 0,43$. (Gewicht: 23,4 g.)

Caligula:

[4]) $Cu = 79,3$, $Sn = 0$, $Zn = 20,7$.

Nero und Drusus (Söhne des Germanicus):

[5]) $Cu = 80,1$, $Sn = 0$, $Zn = 19,9$.

Claudius:

[6]) $Cu = 77,44$, $Sn = 0,30$, $Zn = 21,50$, $Fe = 0,32$, $Ni = 0,24$
$Sb = 0,20$ (Gewicht: 24,9 g);

[7]) $Cu = 77,8$, $Sn = 0$, $Zn = 22,0$;

[8]) $Cu = 72,2$, $Sn = 0$, $Zn = 27,7$.

Nero:

[9]) $Cu = 81,07$, $Sn = 1,05$, $Zn = 17,81$. (Gewicht: 28,2 g.)

Vespasian:

[10]) $Cu = 84,02$, $Sn = 0,77$, $Zn = 15,2$;

[11]) $Cu = 81,30$, $Sn = 0,83$, $Zn = 16,3$, $Pb = 1,1$;

[12]) $Cu = 81,97$, $Sn = 0$, $Zn = 18,68$, $Pb = 0,14$, $Fe = 0,12$.

Titus:

[13]) $Cu = 83,04$, $Sn = 0$, $Zn = 15,84$, $Fe = 0,5$. (Gewicht: 11,5 g.)

Domitian:

[14]) $Cu = 88,19$, $Sn = 0,51$, $Zn = 10,23$, $Fe = 0,55$, $Pb = 0,3$,
$Ni = 0,22$ (Gewicht: 10,2 g);

[15]) $Cu = 86,30$, $Sn = 0,52$, $Zn = 12,94$, $Fe = 0,14$, $Ni = 0,1$. (Gewicht: 11,55 g.)

Trajan:

[16]) $Cu = 86,92$, $Sn = 0,72$, $Zn = 10,97$, $Fe = 0,18$, $Pb = 1,1$,
$Ag = 0,3$;

[17]) $Cu = 83,95$, $Sn = 2,22$, $Zn = 12,42$, $Fe = 0,39$, $Pb = 0,3$,
$Ni = 0,5$, $Sb = 0,22$ (Gewicht: 8,95 g);

[18]) $Cu = 82,13$, $Sn = 1,12$, $Zn = 15,35$, $Fe = 1,0$, $Ni = 0,4$ (Gewicht: 17,32 g);

[19]) $Cu = 84,02$, $Sn = 0,77$, $Zn = 15,2$;

[20]) $Cu = 77,59$, $Sn = 0,39$, $Zn = 20,70$, $Fe = 0,27$.

---

3) Bibra, S. 52, Nr. 19. — 4) Bibra, S. 62, Nr. 57. — 5) Bibra, S. 62, Nr. 58. — 6) Bibra, S. 52, Nr. 27. — 7) Göbel, Einfluss der Chemie S. 29; auch Bibra, S. 62, Nr. 60 und Percy I, 523. — 8) Göbel, l. c. und Bibra, S. 62, Nr. 61. — 9) Mittel aus zwei Analysen von J. A. Phillips, Quart. Journ. of the Chem. Soc. of London 1852 (IV.), p. 252 u. ff., auch Bibra, S. 60, Nr. 4. — 10) Bibra, S. 62, Nr. 64. — 11) Bibra, S. 62, Nr. 63. — 12) Percy, I, 522 (aus d. J. 71, messinggelb). — 13) Phillips, l. c., auch Bibra, S. 60, Nr. 7 und Percy, I, 522. — 14) Bibra, S. 52, Nr. 32. — 15) Bibra, S. 54, Nr. 34. — 16) Bibra, S. 64, Nr. 24. — 17) Bibra, S. 54, Nr. 37. — 18) Bibra, S. 54, Nr. 36. — 19) Bibra, S. 62, Nr. 65. — 20) Percy, I, 521. —

Hadrian:

²¹) Cu — 82,91, Sn — 0,6, Zn — 15,57, Fe — 0,7, Pb — 0,06, Ni — 0,08, Sb — 0,08 (Gewicht: 10,4 g);
²²) Cu — 85,67, Sn — 1,14, Zn — 10,83, Fe — 0,7, Pb — 1,73. (Gewicht: 23,64 g.)

Antoninus Pius:

²³) Cu — 87,88, Sn — 0, Zn — 11,28, Fe — 0,37, Pb — 0,09, Ni — 0,38. (Gewicht: 17,93 g.)

Unbekannt (1—50 n. Chr.):

²⁴) Cu — 78,24, Sn — 0,7, Zn — 20,23, Fe — 0,4, Pb — 0,13, Ni — 0,3. (Gewicht: 10,3 g.)

Ein Vergleich dieser Daten zeigt, dass der Zinkgehalt zwischen 11 und 22 Proc. (einmal sogar 27,7 Proc.) schwankt; die zinkreichsten Münzen (20—27 Proc.) gehören den Kaisern aus dem Julisch-Claudischen Hause an; unter den drei Flaviern sinkt der Gehalt im Mittel auf 15 Proc., in der darauf folgenden Periode auf 11½ Proc. (ausnahmsweise enthält ein Stück 20,7 Proc.). Mit den Antoninen hören, wie es scheint, die reinen Messingmünzen auf; es finden sich nur noch zinkhaltige Bronzemünzen, in denen der Gehalt an Zinn und Zink ungefähr gleich ist und die Menge des letzteren 8 Proc. nicht überschreitet. — Ein geübtes Auge erkennt die Messingmünzen an der Farbe; manche sind schön goldgelb. — Diese Mischungsverhältnisse der Legirung sind wohl nicht zufällig. Noch weniger kann man es für Zufall ansehen, wenn zwei Münzen verschiedener Prägung desselben Herrschers ganz übereinstimmende Zusammensetzung zeigen, z. B. Claudius 6) und 7), Hadrian 21) und 22); auffällig ist auch die gleiche Zusammensetzung der Münze des Kaisers Caligula und der seiner Brüder.¹) Die Gewichte dieser Messingmünzen stimmen, soweit sie bekannt sind, für die Zeit bis Diocletian in der That gut zu Plinius' An-

---

21) Bibra, S. 54, Nr. 47. — 22) Mittel aus zwei Analysen von Phillips, l. c., auch Bibra, S. 60, Nr. 13. — 23) Bibra, S. 54, Nr. 53. 24) Bibra, S. 54, Nr. 39.
1) Percy, I, 523, erwähnt eines Stückes Aurichalcum, das durch Einschmelzen von Münzen des Agrippa und Claudius erhalten, aus Messing besteht. Zu Basel fand man eine Platte (Cu — 85,96, Sn — 2,40, Zn — 10,61, Fe — 1,03), die in der Votivinschrift ausdrücklich Aurichalcum genannt wird: Deo invicto typum aurochalcum solis. Bibra, S. 70, Nr. 20.

gabe. Die 23,4—28,2 g wiegenden Stücke sind Sesterze, die 10,2 und 11,5 g wiegenden sind Dupondien. [1]) Auch Schmuckgegenstände aus Messing (römischen Ursprungs) sind erhalten und analysirt: ein Ohrring[2]) ($Cu = 87,07$, $Sn = 0,91$, $Zn = 10,87$, $Pb = 0,75$, $Fe = 0,4$), zwei römische Fibulae[3]) ($Cu = 75,07$, $Sn = 0,20$, $Zn = 24,45$, $Fe = 0,28$, und $Cu = 86,95$, $Su = 1,35$, $Zn = 11,03$, $Pb = 0,31$, $Fe = 0,21$, $Ni = 0,15$).

Man kann die Frage nach der Bedeutung des Oreichalkos dahin beantworten:

1) Schon in der ältesten Zeit war es eine gelbe Legirung, durch unbeabsichtigte Mischung von Erzen entstanden.

2) Lange mochte sie darum für ein Metall sui generis gegolten haben.

3) Später erkannte man ihre Identität mit Messing und stellte sie fabriksmässig dar.

4) Sie war zu keiner Zeit goldhaltig. [4])

IV. Hat Kassiteros je Zink bedeutet?

In F. Hoefer's Histoire de la Chimie (1866, I. 133) liest man die Bemerkung: „Les noms de κασσίτερος et stannum, que l'on traduit par étain, ont donné lieu à beaucoup d'équivoques qui disparaissent dès que l'on admet que les Grecs et les Romains connaissaient le zinc, et qu'ils l'appelaient, ainsi que l'étain, κασσίτερος ou stannum." Schon vor ihm erklärte Du-

---

1) Nach sehr genauen Wägungen ausgesuchter Stücke Neronischer Scheidemünzen des kaiserlichen Antiken-Cabinets in Wien, welche Herr Dr. Kenner für mich vorzunehmen die besondere Güte hatte, ist das mittlere Gewicht des Sesterz (aus 40 Wägungen) 26,16 g. — Drei Viertel aller Stücke schwanken zwischen 25 und 28 g, die anderen zwischen 22 und 24; nur bei einem sinkt das Gewicht auf 20,35, bei einem anderen steigt es auf 32,1 g. — Der Mittelwerth der Dupondien (aus 20 Wägungen) ist 14,29. Um 13 g schwanken 3 Stücke, um 14 g 9 Stücke, um 15 g 6 Stücke, über 15 g, fast 16 wiegen nur 2 Stücke. — Die analysirten Messingsnominale sind meist leichtere Stücke (besonders die Dupondien), entweder mehr abgenützt oder vielleicht wegen des grösseren Werthes des Metalles geringer geprägt.

2) Bibra, S. 70, Nr. 7.

3) Bibra, S. 70, Nr. 11 und S. 72, Nr. 33.

4) Die oben erwähnte Legirung mit Gold ist kein Aurichalcum.

pinet Homer's κασσίτερος und Plinius' plumbum
candidum für Zink.[1])
    Anhaltspunkte für die richtige Deutung eines
Metallnamens können wir erhalten:
    1) aus gewissen Bemerkungen über die Gewinnungs-
weise des Metalls,
    2) aus Andeutungen charakteristischer Eigenschaften
oder endlich
    3) aus der Art der Verwendung.
    Die Musterung der mir in diesem Augenblick be-
kannten Stellen lässt mir die Ansichten Dupinet's
und Hoefer's nicht annehmbar erscheinen.

    Was zunächst des ersteren Behauptung, Homer's
Kassiteros sei Zink, betrifft, so dürfte die blosse Er-
wägung, welche Schwierigkeiten sich der Gewinnung
und Bearbeitung dieses Metalls entgegensetzen, aus-
reichen, um eine Verlegung derselben in so frühe
Zeiten als sehr abenteuerlich erscheinen zu lassen.
Was drängt aber überhaupt zu dieser Annahme?

    Zur Verzierung von Panzern[2]), Schilden[3]) und
Wagen[4]) eignet sich das schöne, silberweisse Zinn
zum mindesten ebenso gut, als das Zink, das an
feuchter Luft sich fast ebenso leicht mit einer Oxydschicht überzieht, wie Eisen. Als Material für Beinschienen würde das Zink gegen den eindringenden
Speer auch nicht besseren Schutz gewährt haben, als
das zähe Zinn — die Annahme, dass ˙ es sich um
Werkblei oder blosse Verzierung eherner Schienen
handle, ganz bei Seite gelassen. Die Epitheta „hell
schimmernd" (λευκός, Il. XI. 35 — φαεινός Il. XXIII.
561) und „geschmeidig" (ἑανός Il. XVIII. 613) passen
doch gewiss ebenso gut und besser auf das weiche, an
Glanz dem Silber beinahe gleichende Zinn, als auf
Zink, das bei gewöhnlicher Temperatur spröde ist,
und immer grau angelaufen erscheint. Vollends die

---

1) Fuchs, Geschichte des Zinks. 1788. S. 322.
2) Il. XI. 25 und 34.
3) Il. XVIII. 565 und 574.
4) Il. XXIII. 503.

Behandlung! — es wird zum Schmelzen ans Feuer
gesetzt (Il. XVIII. 474); das geschmolzene Metall wird
um den Erzpanzer gegossen (χεῦμα κασσιτέροιο. Il. XXIII.
561), — man wird doch nicht im Ernst an einen
Zinkguss in homerischer [1]) Zeit denken! Um die
Behauptung, dass Plinius' plumbum candidum Zink
sei, ist es ebenso schlimm bestellt. Die Schilderung
des Erzes (XXXIV. 47) passt auf den Zinnstein vorzüglich; das Vorkommen auf der brittischen Insel
Mictis (Wight?) (IV. 30) und in Gallaecien, dem
spanischen Gallicien (XXXIV. 47), lässt gar keine
andre Deutung zu, als dass Plinius Zinn meint.

Auch Hesiod nennt das Metall. Einmal im „Schild
des Herakles" — man erblickt einen Hafen, rund gestal-
tet, als ob er vom Meere bespült würde, „gebildet aus
ganz schlackenfreiem Zinn"[2]). Ein andermal — in
der „Theogonie" wird eine mächtige Schilderung vom
Kampfe der Götter mit Typhon gegeben.[3]) Unter den
Blitzen des Zeus entzündet sich die Erde, und in dem
gewaltigen Brande schmilzt sie „wie Zinn in wohl durch-
bohrtem Tiegel durch die Kunst rüstiger Männer er-
hitzt." Das Epitheton bezieht sich auf einen Tiegel,
der eine passende Oeffnung für den Blasebalg hat,
und der darum für die Behandlung des Zinkes ganz
untauglich wäre.

Wenden wir uns von den ältesten Dichtern den
Geographen und Geschichtschreibern zu.

Herodot, nachdem er von den äussersten Ländern
Europas gesprochen hat[4]), sagt: „aus dem äussersten

---

1) Merkwürdiger Weise findet sich das Wort, dem man in
der Ilias so oft begegnet, in der Odyssee nicht.
2) Heracl. scut. v. 207—211:
Ἐν δὲ λιμὴν εὔορμος ἀμαιμακέτοιο θαλάσσης
κυκλοτερὴς ἐτέτυκτο πανέφθου κασσιτέροιο
κλυζομένῳ ἴκελος.
3) Theogon. v. 861—864:
— — — ἐτήκετο κασσίτερος ὥς,
τέχνῃ ὑπ' αἰζηῶν, ὑπὸ τ' εὐτρήτου χοάνοιο
θαλφθείς — — —
4) III. 115. ἐξ ἐσχάτης δ' ὦν ὁ τὲ κασσίτερος ἡμῖν φοιτᾷ καὶ
τὸ ἤλεκτρον.

3

Europa kommt zu uns das Zinn und der Bernstein",
also aus England und Norddeutschland. —
Agatharchides[1]) schildert in ergreifender Weise
die Leiden der in den ägyptischen Goldgruben arbei-
tenden Sträflinge. Indem er dann auf das Reinigungs-
verfahren des Goldes übergeht, giebt er an: „man ver-
setzt (das Gold) im Verhältniss zur Menge mit einem
Klumpen Blei, einigen Körnern Salz, ein klein wenig
Zinn und mit Gerstenkleie."
Diodorus von Sicilien, ein Zeitgenosse des
Caesar und Augustus, wiederholt fast mit denselben
Worten diese Angabe (III. 14). Ausser dieser bei-
läufigen Erwähnung des Metalls handelt er von dem-
selben noch zweimal ausführlicher. Er berichtet[2]) über
die Gewinnung und den Handel, welchen die Bewohner
von Britannien mit Kassiteros treiben, indem sie das
in regelmässige Würfel gegossene reine Metall (ἀποτυ-
ποῦντες δ'εἰς ἀστραγάλων ῥυϑμούς) nach der Insel Ictis
(Wight) führen, von wo es weiter nach Gallien ver-
frachtet wird.

Bei der Beschreibung Iberiens erwähnt Diodor[3]),
dass sich an vielen Orten Zinn finde, nicht aber,
wie einige fabeln, frei auf der Oberfläche (ἐπιπολῆς),
sondern es werde gegraben und ausgeschmolzen, wie
Silber und Gold (ὀρυττόμενος καὶ χωνευόμενος). Viele
Zinngruben (μέταλλα τοῦ καττιτέρου) finden sich auch auf
den Iberien gegenüber liegenden Inselchen, die davon
Kassiteriden heissen. — Nun giebt er noch einmal an,
es werde viel von Britannien über Gallien nach Mar-

---

1) Agatharchides, De mari Erythraeo (Phot. c. 28; in
Geogr. graeci minor. ed. C. Müller I. p. 128): μίξαντες κατὰ
λόγον τοῦ πλήϑους μολίβδου βῶλον καὶ χόνδρους ἁλῶν, καὶ κασσιτέρου βραχὺ καὶ κρίϑινον πίτυρον. Dazu Diod. III. 14: μίξαντες δὲ
κατὰ τὸ πλῆϑος ἀνάλογον μολίβδου βῶλον καὶ χόνδρους ἁλῶν, ἔτι
δὲ βραχὺ καττιτέρον καὶ κρίϑινον πίτυρον προςεμβάλλουσιν ...
2) V. 22.
3) V. 38 (4. 5). Mela gebraucht bei der Beschreibung
Spaniens und der Kassiteriden beidemal kurzweg den Ausdruck
plumbum; Chorographia II. 86: in Celticis aliquot sunt [insulae] quas
quia plumbo abundant uno omnes nomine Cassiteridas adpellant
III. 47. Ed. Parthey.

seille und Narbonne (*Ναρβῶνα*) transportirt, womit
wohl die alte Handelsstrasse, auf der schon die Phönicier
dieses Metall geholt haben dürften, angedeutet ist.

Hier mag auch angemerkt sein, dass nach Pseudo-
Arrianus[1]) unter den nach den Emporien des rothen
Meeres importirten Dingen neben Erz und Blei auch
Kassiteros genannt wird.

In Arrian's Periplus des schwarzen Meeres[2]) fand
ich den Namen des Metalles einmal. Indem er die
Farbe des Phasis-Wassers dem Kaiser schildern will,
vergleicht er sie mit der Farbe von Wasser, das durch
Blei oder Zinn gefärbt ist. Ich zweifle, dass der
Vergleich verständlicher wird, wenn man an dieser
Stelle *καττίτερος* durch „Zink" wiedergiebt.

Strabo, ein Zeitgenosse Cicero's und Caesar's,
giebt einen Auszug aus Posidonius' Werk, das auch
von Diodor und Plinius benutzt worden ist, in
welchem das Land über den Lusitaniern (d. h. Gallaecien)
und die britischen Inseln als die Orte genannt werden,
wo Zinn erzeugt wird. Die Widerlegung der Ansicht,
dass es sich dort oberflächlich finde, die Angabe über
den Export des Metalls nach Marseille stimmen mit den
Angaben des späteren Diodor. Neu ist die Angabe[3]),
dass bei den Artabrern, einem in der nord-westlichsten
Ecke Spaniens wohnenden Volksstamme, sich oberflächlich Silber, Zinn und weisses Gold (da es silber-
haltig ist) finde; diese Erde werde durch die Ströme
daher geführt, von den Weibern mit Schaufeln aus-
geschöpft (*σκαλίσι διαμώσας* scil. *τὰς γυναῖκας*) und gewaschen.

Pausanias erzählt in seiner Beschreibung Griechen-

1) Periplus maris Erythraei. cap. 49. (Geogr. graec. minor.
ed. Müller L p. 293.)
2) Peripl. ponti Euxini. c. 10. (Ed. Müller I. p. 375):
*ἡ δὲ χρόα τῷ Φάσιδι οἷα ἀπὸ μολίβδου ἢ καττιτέρου βεβαμμένου
τοῦ ὕδατος.*
3) Strabo. Ed. Casaub. 147. — Ed. Meineke (1866) III. 9
(Vol. I. p. 199): *ἐξανθεῖν φησιν τὴν γῆν ἀργύρῳ, καττιτέρῳ,
χρυσῷ λευκῷ (ἀργυρομιγής γάρ ἐστι), τὴν δὲ γῆν ταύτην φέρειν
τοὺς ποταμούς.* Vergl. Mirab. auscult. 46 (47): *τὸν καλούμενον
Θεόδωρον ποταμόν.*

lands[1]) von dem Funde des argivischen Feldherrn
Epiteles — einer Urne, in der sich „eine dünn ge-
triebene Zinnfolie, die wie ein Buch gerollt war", mit
schriftlichen Anweisungen versehen, vorfand. —
Zum Schluss noch einige Stellen aus naturhistori-
schen und medicinischen Schriften! In der bereits
angeführten Stelle über das Mossynoekische Erz bedeutet Kassiteros ganz unzweifelhaft Zinn. Ferner
findet man in derselben pseudo-aristotelischen Schrift
(Nr. 50): „Man sagt, der keltische Kassiteros schmelze
viel leichter als Blei." — Thatsächlich schmilzt Zinn
bei etwa 228°, Blei erst bei etwa 325°; Zink aber bei
412°. — Endlich wird (in Nr. 81) zweier Bildsäulen
erwähnt, die man dem Dädalus zuschrieb, von
denen eine aus Zinn war.

In einer naturphilosophischen Erörterung erklärt
Plutarch, durch eine Art Verdichtung des Geistes
werde die Wahrsagerkraft der Seele gesteigert, „wie
auch das Zinn das lockere und poröse Kupfer, indem
es ihm beim Schmelzen zugesetzt wird, zusammendrückt
und verdichtet und glänzender und reiner macht."[2]) —

Eine besonders wichtige Rolle spielten Zinngefässe
zum Aufbewahren von Arzneistoffen. Hippokrates
verwendet ein Gefässchen von Glas oder Zinn (βιχίον
ὑάλινον ἢ κασσιτέρινον p. 48. 14). — Bei Bereitung des
Sikyonischen Oels empfiehlt Dioskorides einen weit-
halsigen verzinnten Kessel (εἰς λέβητα κεκασσιτερωμένην
πλατύστομον. I. 33) zu benützen, desgleichen bei Darstellung. des Ricinusöls (I. 38). — Galen citirt die
Verse des Damokrates über die Antidota, in welchen die Bereitung und Aufbewahrung des Theriaks
besungen wird; letzterer ist nicht in hölzernen Gefässen aufzubewahren, sondern lieber in Gefässen von

---

1) Pausan. IV. 26. 8: τύρε κασσίτερον ἐληλασμένον ἐς τὸ
λεπτότατον· ἐπείλιχτο δὲ ὥσπερ τὰ βιβλία.
2) De defectu Oraculor. c. 41: καὶ μὴν ὡς κασσίτερος μανὸν
ὄντα καὶ πολύπορον τὸν χαλκὸν ἐντακεὶς ἅμα μὲν ἐσφιγξε καὶ
κατεπύκνωσεν, ἅμα δὲ λαμπρότερον ἀπέδειξε καὶ καθαρώτερον.

Horn, Silber, Zinn oder in dichten irdenen. [1]) Ebenso räth Galen [2]), die Theriakpastillon (ἀρτίσκοι θηριακοί)
in einem zinnernen oder silbernen Gefässchen (εἰς ἀγ-
γεῖον κασσιτερινὸν ἢ ἀργυροῦν) aufzuheben. Dass es sich
in allen diesen Fällen, wo saure oder fette Stoffe aufbewahrt werden sollten, um Zinn und nicht um Zink
handelt, dürfte kaum bezweifelt werden. Ich habe
selbst zwei solche cylindrische Behälter (deren einer
im Pester Museum aufbewahrt wird, während ich Bruchstücke des andern Ruggiero's Güte verdanke) untersucht und gefunden, dass sie aus sehr gutem Zinn
bestehen.

Nun zum Schluss noch ein paar Stellen über die
Verwendung und Eigenschaften des Kassiteros.

Nach Pollux [3]) zwang Dionysius die Syraku-
saner, Zinnmünze für Silber zu nehmen; Plutarch [4])
führt Chrysippus' und Kleanthes' und ihrer Ge-
sinnungsgenossen Ansicht über die Götter an: sie seien
vergänglich, gleichsam „hinschmelzend wie Wachs
oder Kassiteros". Das Metall ist wegen seiner leichten
Schmelzbarkeit neben Wachs genannt und kann nur
Zinn bedeuten. Desgleichen wenn es von ihm heisst [5]):
„es füge zusammen und vereinige gebrochenes Erz",
da man wohl zum Löthen nicht Zink wird gebraucht
haben. Der Rhetor Aristides stellt den tüchtigen, festen
Waffen entgegen: ein Schwert aus Zinn und einen
Brustharnisch aus Baumrinde [6]).

---

1) De antidotis I. cap. 16. Ed. Kühn, Bd. XIV. p. 99. —
Ed. Chart. XIII. 894. — Ed. Bas. II. 438:
  ὑαλίνοις δὲ μᾶλλον, κερατίνοις τε κάργυροῖς,
  καὶ κασσιτερινοῖς, καὶ κεραμίοις τε πυκνοῖς.
2) De theriaca. Kühn XIV. p. 307 in fin. — (Ed. Chart. XIII
964. — Ed. Bas. II. 472)
3) Onamasticon Θ 79: τοὺς μέντοι Συρακουσίους καττιτέρῳ
ποτὲ ἀντ' ἀργυρίου νομίσαι Διονύσιος κατηνάγκασεν.
4) De Communibus notitiis XXXI. 6: τοὺς Θεούς ... τηκτοὺς,
ὥσπερ κηρίνους ἢ καττιτερίνους, ὄντας.
5) ὁ κασσίτερος ῥαγέντα τὸν χαλκὸν συναρμόττει καὶ συγκε-
ράννυσι.
6) τὸ μὲν ξίφος καττιτέρου φέροντες, φλοιῷ δὲ τὸν θώρακα
πεποιημένον (κατὰ τῶν ἐξορχουμένων II. 406 Ed. Dindorf. Vol. II.
p. 553).

- 38 -

Was aber das stannum anbelangt, so braucht man
nur dessen Darstellungsweise bei Plinius nachzulesen
(XXXIV. 47), um überzeugt zu sein, dass er damit Zink
nicht gemeint hat; das Wort bedeutet vielmehr Werkblei, und scheint vor dem 4. Jahrh. nach Chr. mit
κασσίτερος nicht identificirt worden zu sein.

Ich habe im Vorliegenden Stellen ohne besondre
Auswahl, wie sie sich mir eben leicht darboten, aus
den griechischen Schriftstellern verschiedener Richtun-
gen und Zeiten zusammengestellt. Es findet sich
keine darunter, die durch Höfer's Interpretation
(Kassiteros sei Zink) an Deutlichkeit gewinnen würde.
Ja die meisten gestatten gar nicht diese Deutung.
Ohne im Entferntesten Anspruch auf Vollständigkeit
zu machen, glaube ich, da Höfer für seine Annahme
keine einzige Stelle beibringt, zu dem Urtheile be-
rechtigt, dass diese Annahme eine aus der Luft ge-
griffene, grundlose Behauptung sei, und dass κασσίτερος
oder stannum in keinem Falle Zink bedeutet hat.

V. War metallisches Zink im Alterthume bekannt?

Es sind nur zwei Stellen in den Klassikern auf-
zufinden, welche zu der Behauptung verleitet haben,
den Völkern des Alterthums sei das metallische Zink
bekannt gewesen.

Dioskorides[1] giebt eine Anweisung, Zinkblumen zu bereiten und sagt: „der oberwähnte Galmei
ist in umhüllenden (rings umgebenden) Kohlen zu
brennen, bis er rothglühend (ἕως οὗ διαφανὴς γένηται)
wird und Blasen wirft, nach Art von Eisenschlacken;
hernach ist er mit aminäischem Weine zu löschen."
Höfer (Hist. de la Chimie I. 133) scheint geneigt zu
sein, das Wort διαφανής, welches er mit „brillante"
übersetzt, auf die Reduction des Zinkoxydes durch
Kohle zu beziehen. Ich glaube aber, das Wort bezeichnet an dieser Stelle nicht den Glanz eines Metall-
korns. Herodot gebraucht den sehr bezeichnenden

1) V. 84.

Ausdruck: λίθος ἐκ πυρὸς διαφανής [1]) offenbar, weil es das Ansehn hat, als würde ein zum Glühen gebrachter Stein durchscheinend. In diesem Sinne ist, meine ich, das Wort διαφανής auch von Dioskorides gebraucht. Ueberdies kann Galmei mit Kohle in einem gewöhnlichen Glühofen gar nicht reducirt erhalten werden; das reducirte Zink würde sich verflüchtigen und zu Zinkblumen oxydiren. Um diese handelt es sich auch thatsächlich in dem ganzen Kapitel. Auch Plinius (XXXIV. 22), der offenbar mit Dioskorides die gleiche Quelle benutzt hat, verstand den Ausdruck so. Er sagt: iterumque a medicis coquitur carbone puro, atque ubi in cinerem rediit, extinguitur in vino amineo („die Kadmia wird von den Aerzten nochmals mit reinen Kohlen gebrannt (gekocht) und sobald sie zu Asche geworden, mit aminäischem Wein gelöscht").

Die zweite Stelle findet man in Strabo (XIII. 610)[2]); sie lautet wörtlich übersetzt: Bei Andeira giebt es einen Stein, der gebrannt zu Eisen wird. Dann mit einer gewissen Erde geschmolzen lässt er Pseudargyros abtropfen, welche (Erde) verbunden mit Kupfererz (oder Kupfer) das sogenannte Krama giebt, welches einige Oreichalkos nennen; es findet sich aber Pseudargyros auch am Tmolos." Das Wort Pseudargyros, welches leider ein ἅπαξ λεγόμενον ist, insofern es sich nur an dieser Stelle findet, wird von Einigen (Rossignol, Les métaux dans l' antiquité. p. 251; Frantz. S. 389) für Zink erklärt, indem es, nach ihrer Auffassung, mit Kupfer gemischt Oreichalkos, Messing liefert.[3]) — Die Stelle, wenn sie nicht sehr

---

1) IV. 73 u. 75.

2) ἔστι δὲ λίθος περὶ τὰ Ἄνδειρα, ὃς καιόμενος σίδηρος γίνεται. εἶτα μετὰ γῆς τινος καμινευθεὶς ἀποστάζει ψευδάργυρον, ἣ προσλαβοῦσα χαλκὸν τὸ καλούμενον γίνεται κρᾶμα, ὅ τινες ὀρείχαλκον καλοῦσι· γίνεται δὲ ψευδάργυρος καὶ περὶ τὸν Τμῶλον.

3) Die Stelle wird merkwürdiger Weise schon von Salmasius an gewöhnlich — und so auch von Frantz S. 388 — falsch übersetzt. Indem man, was grammatisch unzulässig ist, das feminine Relativpronomen (ἣ) auf das masculine Substantiv Pseudargyros

verderbt ist, beweist nur, dass Strabo von den Dingen, über die er hier berichtet, eine sehr undeutliche und verworrene Ansicht hatte. Wenn sich auch im griechischen Gebiete z. B. auf der Insel Siphnos noch heute Zinkblende neben Eisenkies, Rotheisenstein und verwittertem Spatheisenstein findet; wenn es auch Zinkspath giebt, der (bei einem Gehalt von 37 Proc. Zn O) bis 36 Proc. $Fe_2 O_3$ enthält, und wenn ein solcher wirklich bei Andeira brach, so ist doch gewiss nicht anzunehmen, dass man aus solchen Erzen Eisen und zugleich Zink darstellte. — Dieser Stein, der gebrannt Eisen lieferte, soll mit einer „gewissen Erde" geschmolzen, Zink liefern? Was sollte denn das für eine Erde sein? Diese Erde (nicht, wie Frantz übersetzt, das unechte Silber, das Pseudargyros) bildet mit Erz (Kupfer) das Messing. Diese gewisse Erde muss also ein Zinkmineral sein. Diese Erde, und nicht das Eisenerz, konnte Zink liefern, dann braucht man sie aber mit dem Eisenstein nicht zu schmelzen.

Auf eine sachlich so unklare Notiz darf man keinen sichern Schluss bauen. Vielleicht war das Pseudargyros ein sehr lichtes Messing, ähnlich dem silbergleichen, woraus Krinagoras' Oelfläschchen bestand [1]), etwa wie Prinzmetall; vielleicht auch Schwefelantimon oder metallisches Antimon.

Es sprechen aber gewichtige Gründe geradezu gegen die Annahme, dass man im Alterthum Zink darzustellen verstand. Die Herstellung des Metalls gelingt nur mittelst einer complicirten Destillations-Vorrichtung. Zur Zeit des Strabo kannte man aber nicht einmal

---

bezieht, bringt man heraus, dass Pseudargyros mit Kupfer Messing giebt, während die Stelle doch besagt, dass die „gewisse Erde" mit Kupfer gemischt dies thut. — Salmasius II. 228. 2. Column. F' hält Pseudargyros für argentea Cadmia d. h. Galmei aus Silbergruben. Er scheint metallisches Zink auch nicht gekannt zu haben. Die Stelle vom „Abtropfen" erörtert er gar nicht.

1) Krinagoras sendet seinem Freunde zum Geburtstag ein Oelfläschchen ($\delta\lambda\pi\eta$) aus Erz „einem silbernen ganz gleich, ein Indisch Werk" ($\dot{\alpha}\varrho\gamma\upsilon\varrho\acute{\epsilon}\omega$ $\pi\alpha\nu\epsilon\acute{\iota}\varkappa\epsilon\lambda o\nu$, $'I\nu\delta\iota\varkappa\grave{o}\nu$ $\check{\epsilon}\varrho\gamma o\nu$). Anthologia Palatina. Ed. Dübner, Bd. I. S. 206. cap. VI, 261.

einen einfachen Destillirapparat mit Vorlage, geschweige
denn solche für absteigende Destillation. Selbst zu
Dioskorides' Zeit (V. 110) wird das Quecksilber aus
Zinnober so destillirt, dass man letzteres in einem
eisernen muschelförmigen Schälchen (κόγχος) in eine
irdene Schüssel (λοπάς) setzt, diese mit einem gewölbten,
becherförmigen Deckel (ἄμβιξ) schliesst, mit Lehm sorg-
fältig verstreicht, und diesen primitiven Apparat über
Kohlenfeuer erwärmt. Im Ambix sammelt sich das
Quecksilber in Tropfen und wird ausgewischt. (Vgl.
Plin. XXXIII. 41.) Wahre Destillirapparate mit Vorlage, in welche das Destillat abfliessen kann, werden
erst im 4. Jahrh. nach Chr. beschrieben.

Gegen die Kenntniss des Zinkes im Alterthume
spricht aber am lautesten der Umstand, dass unter den
vielen Tausenden Gegenständen, die auf uns gekommen
sind, sich kein einziger findet, der aus Zink gefertigt wäre. Leichte Zerstörbarkeit des Metalls kann
man nicht als Erklärung anführen, da einerseits das
Metall an seiner Oxydschicht, mit der es sich rasch
überzieht, einen vorzüglichen Schutz gegen weitere
Veränderung besitzt, andererseits sich zum Theil recht
feine Streifen von Eisen, das doch der Zerstörung am
meisten unterliegt, erhalten haben. Einzelne Angaben
über Zinkfunde tauchen zeitweilig auf, erweisen sich
aber bei genauerer Prüfung als grundlos. So will
Grignon in dem Schutte einer römischen Stadt der
Champagne einen Zinkgegenstand gefunden haben.
Mit Recht bemerkt aber Beckmann[1]), es lasse sich,
da keine Untersuchung des unerwarteten Fundes vor-
genommen worden ist, nicht errathen, was für eine
Legirung der Franzose für Zink angesehen hat.

Auch A. Leger[2]) sagt in dem äusserst flüchtig
gearbeiteten Abschnitte über Metalle „on a découvert
à Pompéi un fronton de zinc". Dabei, wie bei ihm
gewöhnlich, keine Quellenangabe. — Auf meine An-

---

1) Beiträge zur Gesch. der Erf. III. 378.
2) Les Travaux publics etc. aux temps des Romains. Paris
1875, S. 721.

frage wegen dieses Gegenstandes hat Ruggiero,
Director der Ausgrabungen zu Neapel, die Gefällig-
keit gehabt, mir mitzutheilen, es sei durch die ganze
Reihe von Jahren, während welchen er die Ausgrabungen leitet, nie ein Zinkgegenstand in den campa-
nischen Städten gefunden worden, und sei ihm auch
nicht bekannt, dass ein solcher aus früherer Zeit im
grossen Museum zu Neapel aufbewahrt werde. (Io
sono alla direzione di Pompei da circa venti anni ed ho
avuto occasione di scorrere nel nostro Archivio quasi
tutte le rilazioni degli scavi precedenti e non ho visto
mai zinco nè letto nulla che possa farne sospettare.
Ruggiero's Brief. Neapel, 26. Mai 1882.)

Ein angeblicher Zinkkessel hat sich bei meiner
Analyse als zinnhaltiges Blei entlarvt. Von sonstigen
„Zinkfunden" ist mir nichts bekannt.

Wenn in Kleinasien (bei Andeira und am Tmolos)
Zink gewonnen worden ist, so muss es gewiss auffallen,
dass unter den reichen Funden, die Schliemann in
Troja gemacht und in seinem grossen Werke „Ilios"
beschrieben hat, sich gar kein Gegenstand von Zink,
nicht einmal einer von Messing findet. Selbst die Analysen der Bronzegegenstände bestätigen eine von
Göbel aufgestellte Regel, dass man Bronzen, in denen
irgend erhebliche Mengen von Zink gefunden werden,
als nicht griechischen Ursprungs anzusehen hat. [1]

Die von Schliemann[2] mitgetheilten Analysen

---

[1] Eine Zusammenstellung älterer Analysen von griechischen
Bronzegegenständen, die gemacht worden sind, zeigt mir folgendes
Verhältniss: Von 62 griechischen Münzen enthalten 41 (d. h. 66 Proc.)
gar kein Zink, 8 Stück eine unwägbare Spur, 13 Stück eine
wägbare Menge, im Mittel ½ Proc. (meist zwischen 0.3 und 0,7
Proc. schwankend, ein einzigesmal 1,42 Proc. erreichend). In 22
macedonischen Münzen (von Alexander dem Gr. bis Philipp V.)
fand sich Zink dreimal (in der Menge von 0,62, 1,23 und 2,3 Proc.)
In griechischen Statuetten, Geräthen u. s. w. ist unter 11 Fällen nur
einmal (0,31 Proc.) Zink nachgewiesen worden. Auch ägyptische
und in Ninive gefundene Objecte enthielten unter 27 Stück nur
dreimal Zink.

[2] Ilios. Leipzig 1881, S. 532 und 533.

von Bronzen der dritten Stadt, ausgeführt von D a m o u r
in Lyon, und von W. C h a n d l e r R o b e r t s (könig-
liche Münze zu London) und die Analyse einer Bronze
der 6. Stadt (S. 677) weisen kein Zink auf.
Bevor nicht ein Fund das Gegentheil erweist, muss
man in Abrede stellen, dass dem Alterthum metallisches
Zink bekannt war.
Das Zink erhielt von allen Metallen (neben Nickel
und Platin) am spätesten eine kulturhistorische Bedeutung. Erst im 4. Decennium des 18. Jahrh. beginnt
die Gewinnung des Metalls im Grossen und zwar zu
Bristol (1743); von wo ab es als Nutzmetall an Bedeutung zunimmt.

VI. Etymologisches.

Die Etymologie von Kadmia ist dunkel, wenn
man das Wort nicht mit dem sagenhaften Könige
K a d m o s in Zusammenhang bringen will, wie es
z. B. Cl. S c h e f f e r thut.[1] Ebenso unsicher ist der
Ursprung der Namen M i s y und S o r y. Sie scheinen
fremder, nichthellenischer Abkunft zu sein. Man
vermuthet, sie seien ägyptische oder phönicische Wör-
ter; wenn sie auf Cypern zuerst im griechischen Sprach-
gebrauch auftauchten, so wäre eine solche Ableitung
nicht unwahrscheinlich, da diese Insel frühzeitig dem
Einfluss der ägyptischen und phönicischen Cultur aus-
gesetzt war. Nun findet sich aber der Name M i s s y[2]
auch im Indischen. A i n s l i e (Materia indica. London.
I. 513) giebt an, missy sei Kupferoxyd, und diene
gegen Zahnschmerzen und zum Schwarzfärben der
Zähne. Wie mir Prof. R o t h gütigst mittheilte, ist
missy die Wortform der neueren Dialecte. Im Sans-

---

1) Die Stelle aus H y g i n u s' 274. Fabula: „Cadmus Age-
noris filius acs Thebis primus inventum condidit" glossirt er:
condidisse intelligi potest admixtione terrae Cadmeae ab eo ita
dictae. (Nach M. S c h m i d t's Ausgabe, Jena 1872, vermuthet man
übrigens statt condidit eher contulit oder confudit.)

2) Bei A r i s t o t e l e s Fragmenta findet man die Form μίσσι,
sonst ist μίσυ die ausschliesslich gebrauchte. (V. 1524ᵇ 10.)

krit lautet das Wort masi und das bedeutet Bein-
schwarz aus Elfenbein, Rindszähnen u. s. w., dann
Russ und überhaupt Atramentum (Tinte). Im letzteren
Falle könnte man an Eisenvitriol denken. In Hindi,
Hindustani und Marathi lautet es „missi" und wird
von den Lexicographen definirt als „a powder (made
of vitriol or iron filings etc.) with which the teeth are
tinged of black colour". Darnach wird es doch wahr-
scheinlicher, dass das griechische Misy im Indischen
seinen Ursprung hat.

Das deutsche Wort Galmei scheint mir nicht
aus calaminaris, sondern aus dem antiken Kadmia
selbst entstanden. Die älteren Formen lassen darüber
kaum einen Zweifel. Man sagte die Galmei, noch
früher die Kalmey, ja (nach Henisch) sogar die
Gadmey. Die österreichischen Bergleute betonen
noch jetzt die letzte Silbe, entsprechend der alten
Accentuirung καδμεία, cadmīa (richtiger als cadmīa).
— J. Ch. Nehring definirt Galmei in seinem 1710
erschienenen Lexicon[1]: „Galmey ist an sich eine leere
Art, so sich von den Rammelsbergischen Bley-Ertzen
an die Seiten des Schmelz-Ofens sammelt." Also die
künstliche Kadmia. Dagegen heisst es im Chemnitzer
Bergwerkslexikon von 1743 (229[a]): Gallmey oder Gall-
meystein . . . in denen Brennöfen und Schmelzhütten
. . . setzet sich eine saubere, dem Gallmey nicht un-
gleiche Materie an, welche die Materialisten auch
Gallmey nennen. Es wird auch aus den alten Halden
gewonnen, maassen die Alten solchen nicht zu brau-
chen gewusst." Hier ist Gallmey zunächst das Mineral,
mit dem die künstliche Kadmia verglichen wird.
Frisch (I. 315[a]) gebraucht den Ausdruck „galmeyi-
scher Ofenbruch, hängt im Hoh-Ofen aufwerts."

Für Zink (alt „der Zinken") dürfte sich kaum
eine andere Erklärung finden lassen, als dass es nach
dem zackigen Aussehn benannt sei, jedoch nicht nach
dem des Metalls, sondern seiner Erze oder auch des

---

1) Historisch-politisch-juristisches Lexicon. Anderer Anhang
der vornehmsten Bergwerks-Torminorum.

zerschlagenen Ofenbruchs, denn Basilius Valentinus (15. Jahrh.), der den Namen zuerst gebraucht, kannte ein metallisches Zink noch nicht. Selbst im 16. Jahrh. noch bedeutete das Wort Zinkerz. Matthesius[1]) gebraucht es 1555 in diesem Sinne. „In Freiberg giebt es weissen und rothen Zink." Anderseits finden wir noch 1710 in dem oben citirten Lexicon von J. Ch. Nehring[2]) die Erklärung: „Zink ist eine weisse Materie so sich von den Rammelsbergischen Ertzen an die Ofen ansetzet und machet das Kupffer gantz weiss."

Eine ebenso grosse, vielleicht noch grössere Unsicherheit in der Terminologie scheint bei den Völkern des Orientes bestanden zu haben. Mehrere Ausdrücke: Tuttanego, Tutia ($\tau o v\tau i \alpha$, $\vartheta o v\vartheta i \alpha$), Spiauter, Calaëm, lapis calaminaris sind zeitweilig in Europa für Zink und Zinkoxyd in Gebrauch gewesen und als orientalische Worte angesehen worden.

Tuttanego gebrauche man für indisches (?) Zink. — Libavius erhielt um 1596 aus Holland ein Metall, das unter dem Namen Calaëm aus Indien soll gekommen sein.[3]) Er bestreitet, dass es Zink gewesen sei, wofür es einige erklärten und wofür der Umstand auch zu sprechen scheint, dass Libavius durch Verbrennung des Metalls ein Oxyd erhielt, das der Pompholyx (ZnO) vollkommen glich. — Zosimus Panopolitanus soll (nach Salmasius' Angabe) die Erfindung des Messings den Persern zuschreiben, welche $\tau o v\tau i \alpha$ oder $\vartheta o v\vartheta i \alpha$ auf Kupfer streuen.[4]) Unzweifelhaft wird bis ins 12. Jahrh. dieses Wort von den arabischen Aerzten theils für fossile Kadmia, theils

---

1) Sarepta. Conc. III. p. m. 39. Ich citire hier aus Fuchs' Gesch. des Zinkes. 1788. S. 2.
2) l. c. Anhang. S. 79.
3) Kopp, Gesch. d. Chemie. IV. 118.
4) Das Fragment $\beta \alpha \varphi \grave{\eta} \ \tau o \tilde{v} \ \pi \alpha \varrho \grave{\alpha} \ \Pi \acute{\epsilon} \varrho \sigma \alpha \iota \varsigma \ \acute{\epsilon} \varphi \epsilon v \varrho \eta \mu \acute{\epsilon} \nu o v \ \chi \alpha \lambda \varkappa o \tilde{v}$ ist in Joh. Gottlob Schneider, Eclogae physicae II. 95 abgedruckt, doch scheint es unsicher, ob es dem Zosimus zuzuschreiben ist.

und vor allem für Pompholyx gebraucht. Lapis
calaminaris ersetzt im ganzen Mittelalter und bis ins
17. Jahrh. das klassische „cadmia" und wird vom arabischen Kilimia, Kalimia abgeleitet. Spiauter endlich
wird vor allem noch in England für indisches Zink
gebraucht, man findet in den chemischen Werken gewöhnlich die Angabe, das Wort sei indischen Ursprungs.
Der besondern Güte eines der grössten jetzt leben-
den Kenner der indischen Literaturen, Prof. R. Roth
in Tübingen, an den ich mich in dieser Frage wandte,
verdanke ich die nachfolgende Belehrung, die ich am
besten mit seinen eigenen Worten wiedergebe:

1) „Tutanego ist das tamulische Wort tûtûnâgam und
bezeichnet Zink; τουττία entspricht dem hindustanischen
Worte tûtija, das Kupfervitriol (Kupfersulfat) bedeutet. Beide schliessen sich an das Sanskrit-Wort:
tuttha, das für Kupfervitriol gebraucht wird und nament-
lich in einem Collyrium (Augenmittel) seine Verwendung findet. Eine Etymologie für tuttha giebt es im
Sanskrit selbst nicht; es könnte ebenso gut ein Lehn-
wort sein. Das tamulische tûtûnâgam könnte zwei
Sanskritworte enthalten: tuttha Kupfervitriol und nâga
Blei. Für Zink wird heute von den Aerzten in Ben-
galen das Sanskrit-Wort Kharpara gehalten; und
Kharparituttha bezeichnet Zinkvitriol.[1]) In späten
medicinischen Schriften kommt der Sanskritname ja-
çada oder jasada vor, mit welchem die volksthümliche
Bezeichnung dastâ (in mehreren Dialecten dschastâ,
dscha't) wohl identisch sein könnte. Das jasada, wofür es auch keine rationelle Etymologie giebt, wird
als dem Zinn ähnlich bezeichnet und soll auch ähnliche
medicinische Kräfte, wie jenes besitzen. Es scheint
mir daher nicht unwahrscheinlich, d▫▫ das Zink
erst spät in Indien bekannt und an▫ ▫wendet
worden ist. Nach Ainslie soll es dahin aus China
und Chochinchina gebracht werden.

---

1) Vergl. auch Garbe, die indischen Mineralien, S. 68.
Leipzig 1882. S. Hirzel.

2) Calaëm ist das arabische Wort Kal'âi d. h. Zinn.

3) Spiauter ist unbekannten Ursprungs; schwerlich aus dem Orient, ebenso wenig kann ich in Kadmcia eine indische Spur finden. Das sieht eher semitisch aus.“